Collection « L'esprit économique »

fondée par Sophie Boutillier et Dimitri Uzunidis en 1996
dirigée par Sophie Boutillier, Blandine Laperche, Dimitri Uzunidis

Si l'apparence des choses se confondait avec leur réalité, toute réflexion, toute Science, toute recherche serait superflue. La collection « L'esprit économique » soulève le débat, textes et images à l'appui, sur la face cachée économique des faits sociaux : rapports de pouvoir, de production et d'échange, innovations organisationnelles, technologiques et financières, espaces globaux et microéconomiques de valorisation et de profit, pensées critiques et novatrices sur le monde en mouvement...
Ces ouvrages s'adressent aux étudiants, aux enseignants, aux chercheurs en sciences économiques, politiques, sociales, juridiques et de gestion, ainsi qu'aux experts d'entreprise et d'administration des institutions.

La collection est divisée en six séries :

Dans la série *Economie et Innovation* sont publiés des ouvrages d'économie industrielle, financière et du travail et de sociologie économique qui mettent l'accent sur les transformations économiques et sociales suite à l'introduction de nouvelles techniques et méthodes de production. L'innovation se confond avec la nouveauté marchande et touche le cœur même des rapports sociaux et de leurs représentations institutionnelles.

La série *Economie formelle* a pour objectif de promouvoir l'analyse des faits économiques contemporains en s'appuyant sur les approches critiques de l'économie telle qu'elle est enseignée et normalisée mondialement. Elle comprend des livres qui s'interrogent sur les choix des acteurs économiques dans une perspective macroéconomique, historique et prospective.

Dans la série *Le Monde en Question* sont publiés des ouvrages d'économie politique traitant des problèmes internationaux. Les économies nationales, le développement, les espaces élargis, ainsi que l'étude des ressorts fondamentaux de l'économie mondiale sont les sujets de prédilection dans le choix des publications.

La série *Krisis* a été créée pour faciliter la lecture historique des problèmes économiques et sociaux d'aujourd'hui liés aux métamorphoses de l'organisation industrielle et du travail. Elle comprend la réédition d'ouvrages anciens, de compilations de textes autour des mêmes questions et des ouvrages d'histoire de la pensée et des faits économiques.

La série *Clichés* a été créée pour fixer les impressions du monde économique. Les ouvrages contiennent photos et texte pour faire ressortir les caractéristiques d'une situation donnée. Le premier thème directeur est : mémoire et actualité du travail et de l'industrie ; le second : histoire et impacts économiques et sociaux des innovations.

La série *Cours Principaux* comprend des ouvrages simples, fondamentaux et/ou spécialisés qui s'adressent aux étudiants en licence et en master en économie, sociologie, droit, et gestion. Son principe de base est l'application du vieil adage chinois : « le plus long voyage commence par le premier pas ».

L'ÉCONOMIE DIGITALE RÉVOLUTIONNE LE MONDE

5-7, rue de l'École-Polytechnique, 75005 Paris

http://www.editions-harmattan.fr

ISBN : 978-2-343-19051-8
EAN : 9782343190518

Sylvain Monnerie

L'économie digitale révolutionne le monde

Innovation et Total Design

L'Harmattan

Du même Auteur :

Stratégie, Mettre la pensée stratégique au service du développement de l'entreprise, Paris, Maxima, 2018

A ma famille

Introduction

Le monde est entré dans une période d'innovation sans précédent en accélération permanente, qui a donné naissance à une nouvelle ère économique.

L'ancienne économie traditionnelle s'en est trouvée radicalement bouleversée.

Pensez un instant à des domaines aussi variés que la finance, la santé, la distribution, l'agriculture, la mobilité ou encore l'énergie et soyez sûr que quelqu'un, à travers le globe, plus sûrement localisé en Californie ou en Chine, est en train de penser une innovation de rupture, la façon de la matérialiser et de la commercialiser.

Car si l'innovation de rupture, souvent appelée disruption, fait déjà vaciller de nombreux secteurs et sera amenée à en bouleverser de nombreux autres, elle affecte également les entreprises du numérique de première génération.

Ainsi lorsqu'Airbnb a commencé à s'imposer sur la scène économique mondiale, l'opérateur n'a pas seulement mis à mal les acteurs traditionnels du tourisme mais a mis sous pression également les e-voyagistes de la première heure.

De même, le leadership dont Booking.com bénéficie, transforme l'ensemble du monde de la réservation d'hébergement en ligne.

Dernier exemple Facebook n'a-t-il pas relégué aux oubliettes la première génération de réseaux sociaux.

C'est dire à quelle vitesse évolue l'économie actuelle.

Mais les entreprises les plus touchées, les plus menacées, les plus en péril restent celles de l'économie traditionnelle.

Car le digital et la diffusion de la technologie par les réseaux annulent les frontières.

Nous assistons ainsi avec l'essor de la nouvelle économie à la fin prochaine des marchés fragmentés et multi-locaux, remplacés par un marché globalisé au-dessus des Etats.

Souvent, face à la puissance disruptive de la nouvelle économie, les entreprises sont accusées de se comporter en autruche, incapables de se transformer, n'y voyant même pas l'intérêt dans de nombreux cas. Cette vision est souvent très éloignée de la réalité.

De nombreux dirigeants ont pleinement conscience de la puissance des évolutions qui sont à l'œuvre et comprennent pour la plupart les défis qui se trouvent face à eux. Pour autant, ils se sentent souvent dépourvus face à ces nouvelles menaces concurrentielles et à ces nouveaux modèles émergents à même de mettre à mal, voire de détruire le modèle d'affaires qui a fait leur succès jusque-là.

Si la transformation est inévitable, si la pérennité même de nombreuses entreprises de l'ancienne économie en dépend, si les recettes du passé ne peuvent plus fonctionner.

L'adaptation technologique et culturelle n'en est pas moins difficile et douloureuse.

> *« Emmener une structure à penser différemment et à changer son mode de fonctionnement actuel pour faire quelque chose de radicalement différent, même si c'est*

pour gagner beaucoup plus d'argent, n'est pas vraiment dans la culture d'entreprise. »[1]

Cet ouvrage vous propose de vous immerger au sein de la nouvelle économie, celle des entreprises du digital, ces entreprises d'un nouveau genre, opérant sur d'immenses et complexes infrastructures technologiques que tout un chacun utilise tous les jours.

Des entreprises dont les leaders sont devenus en un temps record des colosses financiers, les premières capitalisations boursières à l'échelle mondiale et qui sont animées par des manières de faire propres et singulières tant elles sont en rupture avec l'ancienne économie.

Celles-ci peuvent se décrire par une approche de la stratégie et de l'organisation, des pratiques de pénétration de marché, des habitudes de travail et une philosophie client différentes.

Attardons-nous sur le dernier point tant il est majeur de cette approche *Total Design* que nous avons érigée en totem de la nouvelle économie.

Les entreprises digitales sont orientées « *corps et âme* », pourrions-nous dire, autour de la volonté de fournir une expérience client exceptionnelle en observant en continu comment sont vécus les parcours utilisateurs et comment ils peuvent être améliorés.

L'utilisateur devient bien plus qu'un client, c'est une personne qui est engagée avec la marque, qui lui transmet ses données personnelles, donne son avis et émet ses

---

[1] Ross Alec, *Les industries du futur*, FYP éditions, collection -Reboot, 2018

recommandations sur la qualité de ses interactions avec elle.

Et dans de nombreux cas, elle est partenaire à plus d'un titre, dans l'amélioration du service fourni et dans la mise à disposition de certains de ses actifs comme un appartement ou une voiture.

La relation de confiance lorsqu'elle est installée n'en est que plus forte.

Autre singularité et non des moindres, ces entreprises du digital, comme nous l'avons déjà évoqué, ont une vocation par définition globale. Elles se doivent d'aller déployer leur potentiel de scalabilité, celui-là même qui leur permet de se situer dans un modèle d'hyper-croissance.

Cette scalabilité, à la différence de la grande majorité des acteurs de l'ancienne économie, leur permet d'avoir un rendement croissant d'échelle. Ainsi plus elles grandissent et plus il leur est facile de grandir, et plus leur marge augmente avec les volumes !

Ainsi, on se rend compte à quel point les acteurs de la nouvelle économie sont en rupture avec les usages passés et grignotent de proche en proche de nombreux domaines de l'économie en déformant les filières et en modifiant à leur profit la répartition de la valeur créée.

Le Total Design, cœur du réacteur stratégique de leur approche, peut se définir comme une démarche destinée à générer de l'innovation et à lui donner corps.

Une démarche obsédée par la recherche de ce qui peut créer de la valeur aux yeux du client, résolument inscrite dans le collaboratif et nécessitant la mobilisation de tous.

Une démarche qui favorise une meilleure exploitation des opportunités de croissance et un accompagnement constant des dynamiques de changement en s'appuyant sur une méthodologie phare, le design thinking.

Tout au long de cet ouvrage nous allons explorer ce qui définit et anime cette nouvelle économie.

Dans un premier temps, nous nous attacherons à comprendre les impacts de la révolution digitale, la radicalité business qui la structure et les écosystèmes de financement et d'accompagnement qui lui permettent de se déployer.

Dans un deuxième temps, nous analyserons cette puissante capacité d'innovation qui caractérise ces nouveaux acteurs, cette philosophie marketing unique, cet attachement viscéral à l'expérience proposée et à la conception de business models novateurs.

Nous regarderons ensuite de plus près quelles sont les lignes directrices d'un modèle de management et de collaboration totalement différent.

Enfin, nous nous intéresserons aux évolutions rapides de l'économie digitale vers un modèle de plateformisation et les relations que cette nouvelle économie peut entretenir avec son aînée.

Cette réflexion nous permettra non seulement de mieux cerner les forces structurantes d'une nouvelle économie à la capacité d'innovation, de conception et d'exécution renouvelée mais également de mieux comprendre les leviers à disposition des entreprises de l'ancienne économie afin de s'adapter au mieux à ces bouleversements et de proposer des alternatives à une domination annoncée.

1. La révolution digitale

Stupeur et tremblements !

La révolution des pratiques et des modèles amenée par les grands acteurs de l'économie digitale ne se présente pas comme une transformation douce que nous pourrions appréhender sous la forme d'une adaptation progressive, d'une trajectoire ponctuée d'états stables prévisibles et programmés.

Au contraire elle doit s'envisager comme un bouleversement violent emportant tout sur son passage, une véritable nouvelle révolution industrielle qui ne laisse qu'un seul choix, s'adapter, embrasser le changement ou se mettre en danger.

Ainsi, les dirigeants des entreprises de « l'ancienne économie » qui auraient dans l'idée d'envisager cette lame de fond sous l'angle de l'incrémental n'ont pas encore pris la pleine mesure du profond renversement que le digital a commencé à introduire au sein de l'économie. Et le niveau d'accélération que ce renversement va prendre.

Car l'une des principales caractéristiques de cette révolution digitale, c'est bien la cadence et l'amplitude de l'innovation qu'elle génère en continu et selon un phénomène exponentiel.

La plupart des secteurs sont au cœur de cette vague d'innovation dont les périmètres de commercialisation ne cessent de s'élargir.

> « *La technologie est le domaine de l'innovation par excellence. Le numérique en particulier possède une vitesse de progression, de diffusion, de mutation et de*

créativité qui n'a pas d'équivalent dans les révolutions technologiques précédentes. »[2]

Aussi, si de nombreuses entreprises engagent de vastes programmes de transformation digitale introduisant effectivement du numérique au sein des firmes (dématérialisation, smart data, applications, distribution multi-access, selfcare, OAV, …), peu s'attaquent de front à l'enjeu central : modifier profondément la culture, l'organisation et les modèles managériaux.

Car au fond, ce que la transformation digitale doit amener comme réflexion impacte de manière directe les business models et les démarches d'innovation des firmes ainsi que leur capacité à plateformiser leur proposition de services.

Cette transformation ne peut s'encapsuler dans un plan stratégique à 3/4 ans mais doit s'envisager sur une feuille de route bien plus longue.

Rien d'étonnant donc de voir poindre, aux détours des discours des dirigeants de l'économie traditionnelle, une inquiétude souvent dissimulée mais toujours présente devant la difficulté à prendre en main le sujet et à effectuer les bons choix pour en faire un levier de croissance future.

Evidemment cette impulsion de changements profonds ne peut venir que du plus haut niveau de l'entreprise.

Voilà pourquoi de nombreux spécialistes du digital, qu'ils soient entrepreneurs à succès, patrons d'accélérateur ou de fonds de venture capital, restent extrêmement dubitatifs sur l'intérêt de nommer un CDO (Chief Digital Officer).

---

[2] Rudelle Jean-Baptiste, *On m'avait dit que c'était impossible, Le manifeste du fondateur de Critéo*, Editions Stock, 2015, p 164

Rappelons, à ce titre, la remarque sous forme de boutade d'Oussama Ammar, l'emblématique associé de l'accélérateur TheFamily :

> *« Lorsque l'électricité a été inventée, les entreprises n'ont pas nommé de Chief Electrical Officer ? »*[3]

Généalogie du prédateur

Le défi est de taille. Il s'agit de faire face aux grands acteurs de l'économie digitale qui se sont imposés avec une rapidité jamais vue à l'échelle de l'histoire économique.

Disposant de moyens phénoménaux pour continuer à s'imposer sur leur(s) marché(s) de référence, ils s'en servent également pour innover sur ceux qu'ils comptent «disrupter» à plus ou moins court terme.

GAFA (Google, Amazon, Facebook, Apple), NATU (Netflix, Airbnb, Tesla, Uber) ou encore BATX côté chinois (Baidu, Alibaba, Tencent, Xiaomi), toutes ces entreprises du digital, certaines ayant seulement un peu plus d'une dizaine d'années d'existence, culminent à des niveaux de valorisation à faire pâlir les fleurons de l'industrie occidentale.

Illustration s'il en était besoin de la puissance financière des GAFA, ces dernières ont cumulé un niveau record de revenus en 2017 à plus de 650 milliards de dollars.

---

[3] Ammar Oussama, *Décryptage de la transformation digitale*, Conférence EM Lyon, 2016

Leurs capitalisations boursières cumulées seraient supérieures de 50 % à celles des entreprises du CAC 40.[4]

A elles seules, Apple et Google posséderaient plus de 350 milliards de dollars de liquidités. Un tel niveau de liquidité permet de racheter facilement et à tout moment les start-ups les plus prometteuses et d'intégrer les technologies les plus innovantes à leur stratégie de croissance.

D'ailleurs chose intéressante à observer, la quasi-totalité des géants du digital est positionnée via des logiques d'investissement ou de partenariat sur les secteurs les plus prometteurs en termes de transformation numérique tels que les télécoms, l'informatique, la santé, les services financiers, l'énergie ou encore les loisirs.

Ces entreprises ont une particularité forte qui constitue sans doute le premier de leurs nombreux atouts. Elles sont *over the top*, c'est-à-dire qu'elles passent au-dessus des Etats et s'adressent directement et au même moment à des millions de clients potentiels.

Elles s'inscrivent dans une économie de réseaux avec cette capacité extraordinaire d'attraction de nouveaux clients au fur et à mesure qu'elles grandissent, ou pour le dire de manière plus simple, plus elles sont grandes et plus elles attirent facilement de nouveaux clients.

Pénétrant tour à tour de nouveaux marchés, elles sont assises sur une connaissance clients sans précédent.

---

[4] Le CAC 40 est un indice boursier regroupant les 40 premières capitalisations boursières françaises cotées à la bourse de Paris. « CAC » veut dire « Cotation Assistée en Continu ».

Économies d'échelle, massification des processus, multiplication des occasions de contact, automatisation de la relation client, faiblesse des coûts de distribution, algorithmie fine, profiling et personnalisation, autant de forces sur lesquelles elles construisent et assoient leur succès.[5]

Et au centre figure la donnée, car ce qui lie des entreprises aussi différentes que Google, Airbnb, Amazon ou Tesla, c'est précisément la donnée et son exploitation (production, collecte, traitement de la donnée et fabrication d'Intelligence Artificielle).

A ceci s'ajoute la capacité phénoménale d'exécution de ces grands acteurs de l'économie digitale. Autrement dit, une vitesse de développement et de mise en marché impressionnante.

Le tout en gardant constamment à l'esprit le client et la facilité de l'usage pour celui-ci.

Last but not least, ce qui caractérise enfin ces nouveaux leaders, c'est cette manière de pénétrer de nouveaux marchés sans trop se soucier des problématiques réglementaires, en misant sur le fait que la qualité de service proposée sera tellement supérieure et plébiscitée par les consommateurs que le régulateur s'adaptera à la situation.

---

[5] Monnerie Sylvain, *Stratégie, Mettre la pensée stratégique au service du développement de l'entreprise*, Maxima, 2018, p 8

Stratégie de défense

Face à cette puissance de frappe, les entreprises de « l'économie traditionnelle » n'ont d'autres choix que de se mettre en mouvement.

Et se mettre en mouvement, c'est préparer le changement à travers un certain nombre d'actions incontournables qui ont permis et continuent de favoriser encore la réussite des géants du digital.

La première d'entre elles consiste à placer le capital humain et la formation au cœur des enjeux d'évolution et de transformation.

Les entreprises doivent apprendre à repérer et à connaitre, au sein de leur organisation les talents digitaux sur lesquels elles vont pouvoir s'appuyer. Elles doivent être en mesure également de les attirer.

Pour le reste des salariés, il convient d'accélérer la montée en compétence de l'ensemble du personnel afin de générer une forme de résilience collective aux différentes vagues d'innovation qui vont déferler.

A ce titre, la fonction RH a un rôle fondamental à jouer dans ce nouveau management des compétences et dans cette future guerre des talents.

Ce qui signifie qu'il faudra qu'elle sache se repenser elle-même pour être en capacité de comprendre, d'identifier et d'intégrer les savoir-faire nécessaires au développement de l'entreprise. La tentation du psychologisme devra être mise de côté au profit d'un retour aux fondamentaux métiers.

Deuxième action, les modèles organisationnels vont être amenés à évoluer.

L'organisation industrielle du monde du travail serait-elle en train de vivre ses dernières heures ?

La culture digitale met à mal les modèles managériaux basés sur la verticalité et les organisations en silos et nous démontre sans cesse que la réduction progressive des strates hiérarchiques favorise la mobilisation de l'intelligence collective.

A titre d'exemple, au sein des mastodontes de la Silicon Valley coexistent au maximum 5 à 6 strates hiérarchiques contre parfois plus d'une douzaine dans les entreprises classiques de l'ancienne économie.

Troisième champ d'investigation, la plateformisation du modèle économique des entreprises est plus que jamais d'actualité.

Favoriser une large ouverture sur l'extérieur par l'intermédiaire d'une plateforme offrant des API (Application Programming Interface) permet d'embarquer un grand nombre de partenaires et de capter de la donnée.

L'enjeu consiste à la fois à transactionner cette data par l'agrégation d'un écosystème le plus large possible et de se présenter de fait dans une posture de sur-traitance au-dessus de ses partenaires.

L'entreprise de demain a vocation à devenir une plateforme vendant du service avec récurrence en intermédiant le maximum de partenaires possibles.

Le fonctionnement en mode projet constitue la quatrième grande action à mettre en œuvre de manière immédiate.

La culture projet s'accompagne d'un maillage de savoir-faire, de profils et de cultures différents pour donner son plein potentiel. Le digital fournit un vaste outillage permettant la mesure et la synchronisation des projets et le pilotage de programmes à grande échelle.

Enfin l'optimisation en continu de l'expérience client devient centrale.

La pensée UX, l'ergonomie, la simplicité et la facilitation des parcours empruntés par les clients doivent mobiliser la plus grande partie de l'énergie et de l'intelligence des équipes. L'interaction constante avec les clients et les prospects, l'utilisation maximisée de la data, l'itération comme levier d'ajustement constituent autant de démarches nécessaires et efficientes à la conception et à la mise en marché accélérées de nouvelles offres.

La volonté d'innovation doit se faire sentir au sein de l'entreprise. Elle doit affirmer sa présence à travers des temps courts qui contrebalancent le temps long d'évolution des core systems informatiques.

Ainsi les rencontres régulières avec des start-ups, l'organisation de hackatons, le développement d'applications mobiles, l'enrichissement des fonctionnalités en selfcare, la complémentarité des canaux de distribution, ou encore le travail sur la data et l'analytique sont autant d'éléments qui construisent cette culture du mouvement.

La notion d'entreprise « *as a platform* » résume assez bien finalement la convergence qui est en train de s'effectuer à l'heure actuelle entre 3 modèles qui vont bouleverser l'économie dans les années à venir :

- le modèle technologique qui permet une unification de la donnée et une transversalisation de l'information,

- le modèle managérial qui réduit les couches hiérarchiques, favorise les échanges, la mobilisation de l'intelligence collective et la co-construction à travers un fonctionnement en mode projet digitalisé,

- le modèle marketing qui axe son action de plus en plus sur le ressenti, l'apport de valeur et la mise à disposition des clients de solutions répondant à de véritables besoins, de véritables « problèmes » selon le langage des startuppers.

2. Puissance des géants du digital et stratégie(s) européenne(s)

Quelques chiffres à vous donner le tournis

Afin de mieux nous représenter la puissance de frappe sans cesse croissante des GAFA (Google, Amazon, Facebook, Apple), nous allons nous appuyer sur quelques chiffres présentés par Xerfi, le spécialiste des études de marché, lors du premier semestre 2017.[6]

2017 marque une nouvelle étape dans l'évolution des GAFA et de leur valorisation boursière. Celle-ci a en effet atteint le chiffre record de 2 163 Md€ dépassant largement la valeur de l'ensemble du CAC 40 soit 1 500 Md€ et s'approchant de plus en plus du PIB de la France (2 224 Md€).

Imaginez, un an auparavant ces quatre géants du digital ne totalisaient que 1 740 milliards de dollars de valorisation, à l'époque déjà plus que les PIB cumulés de l'Espagne et du Portugal et déjà au-dessus de la valeur du CAC 40.

Impensable il y a encore quelques années pour des entreprises dont la moyenne d'âge tourne autour des 25 ans, là où celles du CAC 40 rentrent dans le « grand âge » avec une centaine d'années déjà dépassée.

Les 5 GAFAM (les GAFA avec le M de Microsoft) figurent dans les 6 premières places des plus grosses capitalisations boursières mondiales.

Seule Berkshire Hathaway, la société d'investissement de Warren Buffet, arrive à se glisser au milieu d'elles pour occuper la 5ième place.

---

[6] Mirlicourtois Alexandre, *L'envol des géants du numérique ... pauvres en emplois*, TVLaTribune-Xerfi, Avril 2017

Le secteur de la technologie a dépassé celui de la finance en termes de création de valeur et a bouleversé la hiérarchie économique mondiale en moins de 10 ans !

Mais l'économie digitale américaine n'a pas accouché uniquement des GAFAM, elle a également donné naissance à de nouveaux géants du digital possédant déjà leur acronyme, les NATU pour Netflix, Airbnb, Tesla et Uber.

Ces derniers dont la moyenne d'âge excède à peine plus d'une dizaine d'années, cumulaient une valeur collective de 140 milliards de dollars dès 2016.

Pas mal en moins de 15 ans !

Paradoxalement, les valorisations et les chiffres d'affaires réalisés par ces supernovas du digital ne sont pas en adéquation avec leur capacité à créer de l'emploi et à redistribuer de manière collective et sociétale une portion de la valeur générée.

A titre d'exemple Facebook qui se positionnait en 2017 au 6ième rang des valorisations boursières, ne figure même pas dans le classement de Forbes des 500 plus gros employeurs à l'échelle mondiale.

Tenez-vous bien, le réseau social n'employait à peine plus de 10 000 collaborateurs !

Plus étonnant encore, le nombre cumulé d'employés des GAFAM ne pèse qu'un peu plus de 530 000 personnes.

Ce qui représente à peine 25 % du nombre de salariés de Walmart, le plus gros employeur à l'échelle mondiale avec 2 300 000 employés.

Et à peine 20 % supérieur de celui de Carrefour, le 1er employeur privé en France avec 430 000 salariés.

Ainsi un tout petit nombre d'entreprises, nos géants du digital, GAFAM et NATU en tête arrivent à capter une part majeure de la valeur mondiale sans commune mesure avec le volume d'emplois créés.

Ce modèle de coût d'exploitation minoré ne fait que renforcer une puissance économique déjà conséquente.

Une capacité de domination sans précédent

Un tel développement et une telle réussite ont permis à nos nouveaux « féodaux » du digital, les fameux *home run*[7], de se forger de nombreux atouts ne faisant que renforcer le cercle vertueux favorisant leurs positions dominantes.

En premier lieu, ils disposent tous de réserves très importantes de cash qui leur donnent une incroyable capacité d'investissement.

En procédant sur le mode du partenariat ou sur celui de l'investissement en capital, nos dominants peuvent diversifier leurs activités dans les secteurs les plus susceptibles d'être profondément transformés par la technologie.

En second lieu, par leur capacité à capter énormément de données et de ce fait d'avoir une vision à 360° de ce qui se passe en termes d'évolution des pratiques de

[7] Jargon américain emprunté au base-ball signifiant un méga-succès

consommation, ils constituent des forces redoutables d'innovation.

Nous les voyons se positionner très facilement et très rapidement sur de nouveaux marchés innovants issus de la révolution digitale tels que la robotique, l'Internet des Objets (IOT) et l'Intelligence Artificielle.

Ainsi que ce soit à travers l'investissement direct ou à travers le financement de l'innovation, les géants du digital ont cette capacité à pouvoir se positionner très rapidement sur les poches de business susceptibles de présenter à moyen terme une attractivité économique forte.

Conséquence assez logique des deux premiers atouts, ces entreprises sont en mesure, bien plus que leurs homologues de l'économie traditionnelle, d'attirer de nouveaux talents à la recherche de dynamisme, de créativité, d'innovation technologique et de nouvelles manières de penser le développement.

Pour toutes ces raisons et quelques autres encore, les géants du digital, principalement américains, constituent de redoutables prédateurs pour l'économie traditionnelle, ces nouveaux leaders économiques ayant préempté en très peu de temps des positions hégémoniques sur leurs marchés.

Juste quelques exemples emblématiques pour finir de s'en convaincre :

- Google capte 90 % des recherches sur le Web à l'échelle mondiale dont 95 % en Europe,
- Apple 45 % du trafic Web issus des smartphones,
- Facebook 75 % des pages vues sur les réseaux sociaux aux US,

- ou encore Uber qui s'est imposé très rapidement comme un leader dans le secteur des transports urbains privés.

La diffusion de la technologie par-delà les frontières tend à dessiner un business globalisé.

Lorsqu'une pépite émerge ici ou là, elle a de grandes chances de se faire absorber par l'un de ces géants.

Ils ont donc toutes les cartes en main pour s'imposer sans demi-mesure sur un nombre grandissant de secteurs d'activités : infrastructure, connaissance des consommateurs, avance technologique et force de frappe financière.

Quelle réaction possible pour l'Europe ?

Sans surprise, les Etats-Unis occupent une position dominante dans la capitalisation des entreprises technologiques à l'échelle mondiale.

Cela tient en premier lieu au fantastique essor de la Silicon Valley.

> *« La Silicon Valley est depuis longtemps le berceau d'innovations technologiques, mais la période 1994-2014 a été toute particulière. Partout dans le monde, les gens ont été témoins d'un niveau spectaculaire d'innovation et de création de richesses, le tout émergeant d'une petite bande de 50 kilomètres de long sur 25 kilomètres de large, en Californie du Nord. »*[8]

[8] Ross Alec, *Op Cit*, 2018, p 251

S'il paraît trivial de le rappeler, une question se pose toutefois : mais quels sont les facteurs clés de succès ayant présidé à une telle réussite ?

Ils peuvent se synthétiser autour de 5 points majeurs :

- une culture de l'innovation en continu, une capacité de renouvellement agile et constante en fonction des vagues d'évolutions technologiques qui se succèdent,
- un lien fort d'investissement entre industries privées, centres universitaires et gouvernement,
- un premier accès à un grand marché de 300 millions de consommateurs, pratiquant la même langue, possédant une culture commune avant même d'essayer de se développer à l'international,
- une capacité d'attraction importante soutenue par une politique d'immigration choisie accueillante envers les talents du monde entier,
- une foi dans l'expérimentation, une culture de la prise de risque , une « religion » de l'entrepreneuriat en somme.

Sans doute devrions-nous rajouter deux autres points, dans la droite lignée de la pensée de Marc Andreessen[9] : la protection de la propriété intellectuelle et du transfert de technologie ainsi que la mise en place d'un environnement d'affaires et de régulation favorable.[10]

---

[9] Marc Lowell Andreessen est un entrepreneur, investisseur et ingénieur de software américain. Il est le co-fondateur de Mosaic, le premier navigateur Web et de Netscape. Il est également le co-fondateur et associé de la très connue société de capital risque Andreessen Horowitz demeurant au cœur de la Silicon Valley.

[10] Ross Alec, *Op Cit*, 2018, p 252

Ainsi le gouvernement américain finance de manière importante la recherche fondamentale et appliquée. Tandis que l'industrie prend en charge plus des ¾ du financement du développement technologique, le gouvernement fédéral, les États, les universités et le secteur à but non lucratif financent la majeure partie de la recherche fondamentale.

Des centres de recherche sont sélectionnés afin de développer les modalités de collaboration entre le monde industriel et le monde académique, de stimuler la création de start-ups et d'attirer les cerveaux du monde entier.

La fin de la guerre froide n'a pas fait faiblir cette dynamique, même si la crise financière de 2008 a impacté les budgets affectés à la recherche, mais seulement pour un temps, la domination économique étant étroitement liée à la domination technologique.

Le gouvernement américain a favorisé par cette politique volontariste les grandes avancées scientifiques et technologiques dans de nombreux domaines et notamment en matière d'électronique, de télécommunication et d'informatique. Au premier rang desquelles figure l'ancêtre d'Internet, le dispositif Arpanet, résultant de la collaboration de grandes universités américaines sous l'égide du Département Américain de la Défense au cours des années 60.

Autre grande puissance, la Chine a investi énormément en Intelligence Artificielle au sein des universités.

Elle a su accompagner le développement de géants de l'économie du numérique tels que les BATX (Baidu, Alibaba, Tencent, Xiaomi), quatre entreprises chinoises dont la valorisation cumulée atteignait déjà en 2016 plus de

500 milliards de dollars pour des firmes ayant à peine 15 ans d'existence.

Plus globalement la Chine consacre près de 2% de son PIB à la R&D.

Si ce grand pays a raté le train pour être le leader de l'Internet, la Chine se tourne résolument vers les industries du futur ayant pour assise le digital. A titre d'exemple, le conseil d'Etat chinois a fait de la recherche en génomique un pilier économique de ses ambitions industrielles du XXI° siècle.[11]

La Chine n'est pas la seule à tirer son épingle du jeu, la Russie a également su dans une moindre mesure prendre le virage du numérique et permettre à de nouveaux acteurs tels que Yandex le moteur de recherche ou Rutube une plateforme d'hébergement de devenir des champions digitaux nationaux.

De son côté, l'Europe semble, malgré des initiatives, avoir manqué de vivacité.

Elle a bien essayé de développer la R&D et de favoriser l'émergence de nouveaux leaders mais l'a-t-elle fait sans doute un peu trop tardivement ?

L'Europe se retrouve aujourd'hui en difficulté et n'a véritablement rien lancé de significatif.

Elle s'est plutôt tournée vers une stratégie défensive en essayant de jouer des leviers législatifs, juridiques et fiscaux afin de contrer l'hégémonie grandissante des géants américains.

---

[11] Ibid, p 98-99

En réponse aux inquiétudes générées par l'intrusion et le non-respect de la vie privée, l'Europe a tendance à se positionner sur la confiance et la « privacy » avec la loi RGPD[12] qui est entrée en vigueur à l'échelle européenne en janvier 2018.

Et cela pose la question des Etats qui sauront prendre de l'avance en matière d'exploitation et de transaction de la donnée.

L'enjeu est donc pour l'Europe de trouver le bon équilibre entre réglementation et innovation, au risque de se retrouver dans une position compliquée pour faire entendre sa voix à défaut d'affirmer son leadership mondial.

Pour autant certains pays nord-européens comme la Suède ont favorisé le développement de l'économie digitale. Ce dernier a réussi à faire émerger plusieurs acteurs de premier rang dont les plus connus restent Skype et Spotify.

La Révolution numérique selon Mounir Mahjoubi

Lors d'une interview donnée à France Culture le 19 juin 2018, Mounir Mahjoubi alors secrétaire d'Etat en charge du Numérique expliquait sa position et celle du gouvernement Macron face aux géants mondiaux du digital et notamment américains.

[12] Le règlement 2016/679, dit règlement général sur la protection des données (RGPD, ou encore GDPR, de l'anglais General Data Protection Regulation), est un règlement de l'Union européenne qui constitue le texte de référence en matière de protection des données à caractère personnel. Il renforce et unifie la protection des données pour les individus au sein de l'Union européenne. (Wikipédia)

Selon lui, nous sommes arrivés dans une phase de maturité du numérique au sein de nos sociétés où les pratiques de régulation ne sont plus adaptées.

Face aux grands acteurs du digital qui participent largement à définir nos nouvelles sociétés, il faut repenser les règles de régulation en matière d'économie, de fiscalité, de concurrence, de relation avec les PME et TPE ou encore de partage de données.

Il ne faut pas de régulation sanction uniquement, mais construire l'avenir en inscrivant les grandes plateformes du numérique dans le grand projet de société des français et des européens.

Pour ce faire et à l'échelle de la France, l'enjeu est de construire des géants du numérique nationaux capables de rebattre les cartes de la concurrence.

Ainsi après avoir vu l'émergence de la French Tech sur l'ensemble du territoire national, l'objectif est aujourd'hui d'accompagner les centaines de start-ups françaises passées au stade de l'hyper-croissance qui vont être en phase de recrutement intensif et qui vont partir à la conquête du marché mondial.

Forte de plus de 10 000 start-ups, la French Tech compte en son sein des entreprises bien structurées, qui possèdent un haut niveau d'innovation et qui peuvent trouver les financements dont elles ont besoin.

La French Tech doit passer maintenant d'une phase d'éclosion à une phase d'envol selon Mounir Mahjoubi.

Mounir Mahjoubi, entrepreneur et ancien membre du Conseil National du Numérique (CNNum), quitte ce dernier en janvier 2017 pour rejoindre la campagne présidentielle d'Emmanuel Macron en tant que responsable numérique de la campagne.
En mai 2017, il est nommé Secrétaire d'Etat chargé du Numérique, poste qu'il va quitter en mars 2019 pour se

consacrer à sa candidature à l'investiture de la République En Marche pour les élections municipales de 2020 à Paris.

La révolution numérique avec Mounir Mahjoubi, France Culture, 19 juin 2018

Dans la continuité des déclarations de Mounir Mahjoubi lorsqu'il était encore Secrétaire d'Etat chargé du Numérique, le président Macron a frappé fort en ce mois de septembre 2019 en annonçant sa volonté de voir la France compter 25 licornes[13] d'ici 2025.

Pour ce faire, le projet Next 40 a été dévoilé par le nouveau secrétaire d'Etat au Numérique, Cédric O, désignant les 40 start-ups considérées comme les plus prometteuses de la French Tech. Celles-ci seront financièrement soutenues à hauteur de 5 milliards d'euros sur 3 ans par de nombreux partenaires institutionnels.

En pratique, deux de ces cinq milliards seront dédiés à des fonds de capital risque français pour des opérations de *Late Stage* (levées de fonds de séries C, D et E, supérieures à 50 millions d'euros). Les trois autres seront versés à des fonds gérés par des gestionnaires d'actifs basés en France et ayant pour mission de soutenir l'introduction en bourse des futurs champions français du digital.

---

[13] Les licornes sont les start-ups dont la valorisation dépasse 1 milliard de dollars

Parmi la première liste d'investisseurs institutionnels déjà engagés dans ce projet figurent de nombreux groupes bancaires et d'assurance.

3. Capital développement

Etat des lieux de la chaîne de financement en France

Aujourd'hui en France, l'état des lieux de la chaîne de financement se caractérise globalement par une relative abondance de fonds pour le financement de la tech.

Pour autant cette situation doit se nuancer si l'on s'attache à décomposer et à regarder plus attentivement chacun des étages de cette chaîne.

L'étage des Business Angel se composait en 2017 de 11 000 investisseurs parmi lesquels 5 000 étaient véritablement actifs avec un investissement moyen de 16K€.[14]

Les 90 réseaux de Business Angels se composent de réseaux régionaux, de réseaux sectoriels et d'anciens d'écoles mais également de réseaux à l'étranger.

D'après le rapport de France Angels[15], depuis 2001, les Business Angels auraient investi un montant global de 550 M€. Aujourd'hui, ce sont plus de 3 500 entreprises qui sont accompagnées quotidiennement par ces Business Angels.

Pour autant ce premier étage de financement qu'est l'étage des Business Angels reste relativement faible par rapport à la Grande Bretagne (10 fois moins important).

Il a tendance à se concentrer sur une petite communauté d'investisseurs tech, à savoir une centaine, finançant 80 % de la couche Business Angel.

En conclusion, l'étage dit « Angel Money » resterait encore en retrait en France.

---

[14] Chiffres France Angels, www.franceangels.org
[15] Ibid

L'étage d'après, celui du capital risque « Early Stage » (stade précoce) est beaucoup plus fourni que dans la plupart des autres pays européens et compte de nombreux acteurs.

Nous retrouvons des accélérateurs possédant des moyens de financement, des fonds d'amorçage ou encore des clubs d'investissement.

Le travail de Bpifrance[16] (Banque Publique d'Investissement) finançant pour moitié cet étage a favorisé son développement.

Les VC[17] français ont tendance à rentrer plus tôt sur le financement des start-ups que les VC américains. Une raison peut l'expliquer, celle qui consiste à combler le relatif manque de moyens de l'étage « Angel Money ».

Voilà pourquoi de nombreux fonds de « Seed » (capital amorçage) se sont créés ces dernières années.

Il s'agit du véritable premier round permettant aux start-ups de se lancer. Il leur permet de pouvoir développer une première version de leur produit ou service si elles

---

[16] Bpifrance est une banque publique d'investissement, un organisme français de financement et de développement des entreprises. Elle est en particulier chargée de soutenir les petites et moyennes entreprises, les entreprises de taille intermédiaire et les entreprises innovantes en appui des politiques publiques de l'État et des régions. (Wikipédia)

[17] Le venture capital (VC) est une prise de participation par un ou des investisseurs au sein de sociétés non cotées. Les entreprises sur lesquelles misent ces investisseurs sont des sociétés en phase de création, ou aux premières phases de leur développement. Ce sont généralement des entreprises innovantes ou de technologies ayant un fort potentiel, à l'image des start-ups. (JDN)

disposent d'un minimum de traction et d'une petite base de users.

Les tickets moyens se situent entre 250 000 € et 1 M€.

Pour les séries A, désignant un tour de table compris entre 1 et 5 M€ destiné à permettre le développement, voire l'internationalisation des start-ups, les investisseurs se font déjà moins nombreux.

En France, beaucoup de VC se positionnent « Early Stage » en investissant assez tôt dans la vie des entreprises mais très peu de VC investissent « Late Stage » (stade avancé) en mettant de gros tickets.

Ainsi les séries B, C et D se situant entre 5 et 50 M€ sont compliquées à mettre en œuvre avec des fonds français.

Il existe globalement peu de gros fonds français ou pan-européens.

Le résultat est que la plupart des gros tours de table se structurent à travers des assemblages « leadés » dans la très grande majorité des cas par des fonds internationaux.

Selon Jean-David Chamborédon, le président d'Isai, environ 70 % des tours de plus de 10 M€ seraient menés par des investisseurs internationaux avec la présence parfois de fonds Corporates.[18]

Les entreprises du CAC 40 se positionnent encore peu sur ces levées.

[18] Chamborédon Jean-David, *Financement, capital risque : état des lieux en France*, Conférence W2D, 2018

Deux principales faiblesses apparaissent dans le financement des entreprises de la tech en France.

La première consiste dans le fait qu'il y a encore peu d'investisseurs corporates impliqués dans la tech.

Pourtant les CVC[19] français sont ceux qui disposent potentiellement d'une forte capacité d'investissement avec des tickets allant de 0,5 à 90 M€.

Quelques fonds corporates sont tout de même déjà très actifs tels que Orange Digital Ventures, Axa strategic Ventures ou encore BNPP Développement.

La seconde grande faiblesse réside dans le peu d'argent issu de l'épargne placé en private equity.

En France, ce capital long est très peu investi dans l'économie de la tech, les raisons sont simples : absence de retraite par capitalisation et forte culture du placement liquide et sans risque.

Ainsi les placements de l'épargne retraite, de l'épargne salariale et de l'assurance-vie irriguent très faiblement les besoins de financement du capital risque.

---

[19] Le Corporate Venture Capital est l'investissement de fonds d'entreprise directement dans de jeunes entreprises (start-ups). Le dictionnaire des entreprises définit le CVC comme la pratique dans laquelle une grande entreprise prend une participation dans une petite entreprise innovante ou spécialisée, à laquelle elle peut également fournir une expertise en gestion et en marketing. L'objectif est d'obtenir un avantage concurrentiel spécifique. (Wikipédia)

L'un des défis français réside dans le financement dans la durée : la France est bonne pour l'éclosion mais pas encore pour l'envol de ses start-ups.

Pour briser ce plafond de verre sur le financement et notamment sur le refinancement, les politiques essaient de trouver les moyens de mobiliser de l'épargne longue, domestique dans le financement de la French Tech.

En guise d'illustration, 1 600 Md€ sont placés sur l'Assurance-vie aujourd'hui. Cet investissement long aurait la capacité de passer à travers les cycles économiques.

Le contournement de ces freins rendrait possible la capacité de lever 50, 100 ou 200 M€.

Cette difficulté qu'ont les entreprises françaises d'effectuer autant de gros tours de table que leurs homologues britanniques expliquerait pourquoi il émerge moins de centaures[20] et de licornes[21] au sein de la French Tech, l'émergence de champions se faisant plus compliquée.

Il est à noter que le mur de financement des start-ups en croissance est le même que celui des PME françaises : le financement du changement d'échelle.

Pour autant l'écosystème tech a été multiplié par 4 et ce grâce à la forte mobilisation de la BPI présente sur tous les fronts, de l'amorçage au large venture (stade avancé).

---

[20] Les centaures sont les start-ups dont la valorisation dépasse les 100 millions de dollars

[21] Les licornes sont les start-ups dont la valorisation dépasse 1 milliard de dollars

L'action de la BPI a favorisé le retour des investisseurs étrangers et l'augmentation des fonds corporates français sur le marché.

Et le rôle des investisseurs étrangers n'est pas à sous-estimer, il est même très important comme nous l'avons déjà vu, une grande partie des tours de plus de 10 M€ étant « leadés » par des investisseurs internationaux.

Ceci marque une dépendance du marché pour les grandes levées de fonds, notamment vis-à-vis de Londres tant cette ville concentre de nombreux fonds à capitaux pan-européens.

Si les choses semblent aller dans le bon sens, il ne faut pas oublier que les effets des actions de la BPI sont très dépendants des choix politiques des gouvernements qui se succèdent.

De plus, tout cycle économique moins favorable pourrait amener les investisseurs étrangers à repartir aussi vite qu'ils sont venus et les VC corporates français à réduire fortement une voilure commençant à peine à être déployée.

Bpifrance reste donc la plus grande source de financement du capital risque en France et des progrès importants restent à réaliser afin d'attirer plus d'acteurs étrangers et de corporates français.

Mais malgré tous les efforts de la BPI, les start-ups en hyper-croissance peinent encore trop souvent à lever les dizaines de millions d'euros qui seraient nécessaires à leur développement.

Conséquence négative, elles ont tendance à s'exiler vers le marché américain afin de garder intacte leur ambition de devenir à terme l'un des leaders, voire le leader de leur marché.

Le développement de la French Tech

Pour autant, le tableau est plus idyllique que ces dernières lignes pourraient le laisser penser. En effet, les fonds de capital risque lèvent chaque année de plus en plus de capitaux.

L'année 2017 a connu plus de deals venture (opérations d'investissement) en France qu'en Grande Bretagne.

Certains acteurs se distinguent tels que Partech Ventures ou Alven Capital.

Les montants qui ne cessent de battre des records d'année en année sont un bon révélateur de la montée en puissance de plusieurs acteurs de la place parisienne.

Bien que les 4 Md€ investis en 2018 soient bien loin des 50 Md€ de la Silicon Valley, la French Tech est en plein développement et a triplé son nombre d'entreprises durant les 5 dernières années.

La France constitue le 1er pays en matière de capital investissement en Europe continentale.

Trente nouveaux fonds de capital risque se sont créés dans l'hexagone en 2018.

Au total parmi les 335 investisseurs présents en France, 160 sont des fonds de venture capital, 45 sont des fonds corporates, le reste étant constitué de réseaux d'investisseurs et de Family Offices.[22]

La French Tech représente aujourd'hui plus de 10 000 start-ups et pourrait bien en compter 13 000 d'ici 2022.

Juste pour l'année 2018, 1 800 start-ups ont vu le jour avec une augmentation de 40% par rapport à l'année d'avant.

La French Tech prend la place de n°1 européen en nombre de start-ups en forte croissance dans le domaine technologique.

Elle développe des expertises de très haut niveau notamment dans les secteurs de la santé, des services financiers, du transport, du big data et de la cybersécurité.

Elle bénéficie de l'un des plus grands campus de start-ups dans le monde, à savoir Station F.[23]

Dès 2017, les fonds investis depuis 5 ans avaient déjà été multipliés par 5.

La French Tech se structure autour de 13 métropoles dont Paris, Aix-Marseille, Lyon, Lille, Nantes, Bordeaux, Toulouse, Côte d'Azur, … même si la plus grande partie

---

[22] Chaltiel Adrien, *Tour d'horizon des 30 fonds français les plus actifs en 2018*, medium.com

[23] Installée dans Paris, STATION F regroupe tout un écosystème sous le même toit. Avec plus de 1 000 start-ups, plus de 30 programmes start-ups, 35 administrations publiques, 40 fonds d'investissement, 4 bureaux de mentorat et 600 événements par an, STATION F offre de nombreuses ressources pour aider les entrepreneurs à faire croître leur start-up (www.stationf.co).

des deals (opérations d'investissement) ont lieu à Paris, 11 fois plus qu'à Lyon, deuxième ville de la French Tech en nombre de deals.

La French Tech porte plusieurs réseaux thématiques : Healthtech, Internet des Objets (IOT), Entertainment, Fintech, Security, Retail, Food tech & Sport.

La France assume donc pleinement son statut de « Start-up Nation » même si elle reste encore très loin des Etats-Unis et de la Chine, les deux grandes Start-up Nation leaders.

Si la France ne compte aujourd'hui que 10 licornes comme Critéo, Blablacar, Vente-privée.com ou Deezer, de nombreuses start-ups poussent à la porte telles que Shift Technology ou encore Algolia.

Les spécificités de l'investissement dans la tech

Le financement des start-ups ou des entreprises de la tech en capital risque par définition est très différent de la pratique classique du private equity.

Ce financement est avant tout destiné à couvrir des pertes très importantes pour des entreprises qui se situent dans un schéma d'hyper-croissance et dont le besoin en capital est intensif.

Les start-ups peuvent donc se définir comme des entreprises utilisant une technologie nouvelle ou un produit/service innovant, marquées par un très fort potentiel de croissance et ayant besoin de beaucoup de financement.

Cette différence de métier explique le constat effectué par de nombreux experts. Finalement très peu de fonds de private equity de l'ancienne génération maîtrisent et investissent dans la tech.

Il y aurait là également un marqueur fort entre ancienne et nouvelle économie.

Car les attentes des C level (CEO, CFO, CTO, …)[24] de nos start-ups françaises vis-à-vis des fonds sont de plus en plus importantes.

Ils recherchent un mode de collaboration où les VC soient en capacité de fournir de l'expertise sectorielle permettant d'affiner et de rendre viable un business model, voire de le faire pivoter et d'échanger sur les orientations stratégiques à prendre ainsi que sur la construction du plan de développement.

Ils attendent un véritable accompagnement pour un développement à l'international, une aide pour les recrutements stratégiques et finalement un support opérationnel concret.

Cette question des attentes et des savoir-faire des fonds dans l'univers tech explique également, en partie, le départ de certains entrepreneurs. Ces derniers préférant aller se faire financer par des fonds américains qui possèdent plus de maîtrise et de savoir-faire tech notamment dès que cela concerne les stades des séries C et D.

---

[24] Chief Executive Officer ou Président Directeur Général, Chief Financial Officer ou Directeur Financier, Chief Technology Officer ou Directeur Technique

Face à cette situation, les sociétés de capital investissement françaises se sont organisées et ont proposé un certain nombre d'approches destinées à mieux accompagner leurs start-ups dans une optique collaborative et gagnante pour les deux parties.

Ces approches se matérialisent à travers la création d'écosystèmes[25], la multiplication de partenariats stratégiques, la mise en place de modèles de mentoring inter-start-ups et l'évolution organisationnelle de certains fonds.

La constitution d'écosystèmes ouverts composés des start-ups en portefeuille, de grands groupes, de partenaires technologiques, de limited partners et de business angels se développe fortement chez les spécialistes du capital développement de la tech.

Ces derniers proposent des rencontres régulières et thématisées (stratégie financière, innovation technologique, gestion des ressources humaines, …) mais également du contenu, des workshops, des événements de networking ainsi que des conférences.

A côté, le montage de partenariats stratégiques entre grands groupes et start-ups ayant un lien d'affinité se développe également à grande vitesse.

Certains fonds comme Partech ont mis en place un système de mentoring au sein de leur portefeuille de participations entre entrepreneurs aguerris et jeunes CEO de start-ups nouvellement arrivés dans l'univers de la société de venture capital.

---

[25] Communauté économique se caractérisant par l'interaction entre plusieurs acteurs économiques et publics

A noter que Partech met également en place un NPS[26] annuel pour connaître le niveau de satisfaction des start-ups en portefeuille sur leur mode de collaboration avec le fonds et les axes d'amélioration qu'elles souhaiteraient voir développer.

Transformation organisationnelle, Chez Serena Capital devenu Serena pour atténuer le tropisme purement financier, à côté de l'investment team (l'équipe d'investissement) a été mise en place une operating team (équipe dédiée aux opérations).

Cette dernière a pour mission d'aider les entreprises en portefeuille sur le volet opérationnel afin de leur permettre de « scaler »[27] plus rapidement.

Cette organisation avec une operating team, directement inspirée des fonds américains, intervient sur un mode conseil pour l'ensemble des participations.

Enfin la plupart des fonds sectoriels fournissent à l'ensemble de leurs stakeholders une veille sectorielle pointue à partager dans une logique d'effet réseau.

En synthèse les fonds de la tech se positionnent de plus en plus en partenaires de leurs start-ups afin d'être des facilitateurs de croissance et d'apporter en continu non seulement de l'expertise financière mais également opérationnelle, commerciale et stratégique ainsi que l'expérience nécessaire au maintien d'une trajectoire même dans les périodes les plus compliquées.

---

[26] Net Promoter Score, voir Chapitre VIII sur l'Excellence Client

[27] Capacité d'une start-up à produire plus et à réaliser des économies d'échelle

Nous ne pouvons terminer cette partie sans citer les principaux fonds emblématiques et pour certains médiatiques qui dynamisent le marché et favorisent le développement de la French Tech.

Nous en avons cité déjà quelques-uns tout au long de ce chapitre.

Partech Ventures, fonds très important sur le marché français, est capable d'aller mettre de très gros tickets, de l'ordre de plusieurs dizaines de millions d'euros.

Serena dont, nous venons de voir les évolutions organisationnelles, est orienté principalement sur les entreprises liées à l'Intelligence Artificielle ou encore au traitement de la data. Serena intervient de l'amorçage au capital développement.

Alven, intervenant dans les domaines du machine learning, des plateformes SaaS, des marketplaces ou encore de la cybersécurité, est positionné principalement « Early Stage».

Parmi les acteurs très connus figurent également :

Idinvest Partners, l'un des capital risqueurs les plus importants du marché français, a un portefeuille très large. Le fonds se situe dans une logique d'investissement allant du « Seed » (stade précoce) au « Late Stage » (stade avancé).

Elaia, spécialisé dans le digital et la deeptech, s'est notamment fait connaitre par sa prise de participation dans Critéo.

Isai, qui est un fonds rassemblant plus de 250 entrepreneurs, intervient uniquement dans le digital. Cette structure est connue pour son investissement effectué très tôt dans Blablacar.

Et enfin Kima Ventures, la société d'investissement de Xavier Niel, a pour particularité d'investir de petits tickets d'environ 150 000 à 200 000 euros dans de nombreuses start-ups.

Kima Ventures

Kima Ventures est un fonds d'investissement lancé en 2010 et spécialisé dans le capital amorçage pour start-up. Il a pour objectif d'investir dans 50 à 100 start-ups par an dans le monde entier.

En 2018, Kima avait environ 600 start-ups en portefeuille (la majorité en France).

Les secteurs privilégiés par Kima regroupent principalement les modèles Saas, les Market place, les Fintech, les Mobiles App. et la Deep tech.

Deux critères sont essentiels aux yeux de la société d'investissement dans le choix des start-ups à financer : les opportunités de marché et la qualité de l'équipe en termes d'apprentissage et d'exécution nécessaires pour aller saisir ces opportunités.

Le ticket moyen de Kima est de 150 à 200 K€ par start-up.

Kima gère un deal flow important à travers 3 outils :

- Kima Lab : CRM interne dans lequel le fonds reçoit toutes les candidatures de start-ups cherchant à être financées, soit 400 à 500 dossiers par semaine,
- Kima Circle : événements réservés aux start-ups financées,
- Kima Forward : plateforme de mise à disposition d'un réseau d'experts et de ressources pour les start-ups en portefeuille.

Parmi les deals les plus connus de Kima, nous retrouvons Leetchi, Heetch ou encore Payfit.

4. La multiplication des incubateurs et des accélérateurs

Un contexte des plus favorables

Le moment est sans doute historique.

Nous avons vu que les levées de fonds réalisées dans l'univers du digital et de la tech ne cessent de progresser.

Conséquence évidente, le nombre de start-ups lui aussi connaît une croissance importante.

La même chose se déroule également dans l'univers des structures d'accompagnement des start-ups.

L'offre devient pléthorique tout autour du globe et la France n'échappe pas au phénomène.

Incubateurs et accélérateurs prolifèrent sur les territoires et se positionnent comme des acteurs importants du développement économique et de l'innovation.

Et le boom de ces structures génère un appel d'air et favorise la création de start-ups.

Cet effet est renforcé par le rôle de l'Etat et la mise en place de structures d'aides publiques ainsi que l'apport financier de Bpifrance aux acteurs privés.

Faudrait-il rajouter, pour être complet, les initiatives des entreprises du CAC 40.

Ainsi, si le phénomène est présent à l'échelle du globe, il n'est pourtant pas de même nature dans tous les pays.

Prenons les Etats-Unis, à la différence de la France, les accélérateurs devenus quasi « mythiques » comme

YCombinator ou 500 Startups sont nés dans un écosystème mature et géographiquement concentré autour de la Silicon Valley au sein de laquelle nous retrouvons la plupart des GAFAM et une très puissante industrie du venture capital.

Et ces structures accompagnent les start-ups non seulement au niveau financier mais également au niveau opérationnel. Les accélérateurs sont même nés dans cette logique durant la seconde moitié des années 2000.

Les principaux fonds, dans l'optique de sécuriser un peu plus leurs investissements, ont mis sur pied certaines de ces structures d'accompagnement.

En synthèse, aux Etats-Unis, ce sont les entrepreneurs et capital risqueurs à succès qui forment le socle de l'écosystème américain des start-ups et de leurs structures d'accompagnement et non l'inverse comme en France.[28]

Les structures d'accompagnement françaises répondent principalement aux besoins de formation, de coaching et de mise en relation pour compenser le nombre plus réduit de mentors et d'investisseurs de premier plan.

Elles répondent à des critères de fonctionnement différents : la nature des start-ups ciblées, le type et les services d'accompagnement, la durée des programmes proposés.

Se côtoient structures publiques, corporates (portées par une ou plusieurs grandes entreprises) et privées aux sens d'indépendantes.

---

[28] Gattet Philippe, *Incubateurs français : une abondance trop fragile*, Xerfi Canal, 2018

Selon Roland Berger, les incubateurs et accélérateurs actifs dans le monde sont passés de 560 structures en 2009 à plus de 2 600 moins de 10 ans plus tard.[29]

Cette explosion des structures d'accompagnement dans le monde et en premier lieu aux Etats-Unis, tient à la fois à la disponibilité des capitaux et à la réussite des accélérateurs américains « stars » comme YCombinator déjà cité ou Techstars.

Focus sur YCombinator

YCombinator est sans aucun doute le plus célèbre de tous les accélérateurs sur le marché US. Il doit sa notoriété au succès mondial de plusieurs start-ups passées par son programme comme Airbnb, Pinterest ou encore Dropbox.

Il comptait en 2018 parmi ses alumnis pas moins de 8 licornes.

YCombinator a été créé en mars 2005. Il fournit un capital d'amorçage de 120 000 dollars, des conseils et des mises en relation au cours de deux programmes annuels de 3 mois.

En échange, YCombinator prend en moyenne 7 % des capitaux des start-ups sélectionnées.

Le nom de l'entreprise provient d'une construction dans la théorie de la programmation fonctionnelle, nommée combinateur de point fixe, ou "Y combinator" en anglais.

YC présente son action selon 2 axes fondateurs : travailler avec les start-ups au développement de leurs idées et aider ces

[29] Etude Roland Berger, *Les incubateurs et accélérateurs dans le monde*, 2019

dernières à contractualiser avec des investisseurs ou des acquéreurs.

L'accélérateur organise à ce titre des rencontres hebdomadaires avec des investisseurs durant les 3 mois du programme.

À la fin du programme, YCombinator organise une journée de démonstration, où des business angels et des sociétés de venture capital viennent rencontrer les startups lors de pitchs de présentation.

YCombinator a été fondé par Paul Graham et 3 autres associés. Paul Graham est un entrepreneur à succès ayant monté puis vendu Viaweb, fournisseur de services d'application, à Yahoo ! pour un peu moins de 50 millions de dollars.

Les modalités d'accompagnement

Le type d'accompagnement est extrêmement lié au niveau de maturité des start-ups et à leur stade de développement.

Lorsque la start-up en est au stade de l'idée, elle peut profiter positivement d'un start-up week-end qui lui permettra de travailler son idée avec des points de vue extérieurs et des méthodes éprouvées.

Les start-ups week-ends, hackatons ou autres boot camps, se déroulent généralement sur 2 ou 3 jours.

Ils peuvent se poursuivre autour de start-ups workshops associant plusieurs start-ups naissantes dans le but d'approfondir leur concept de produit/service et de commencer à réfléchir à la manière de le matérialiser.

Lorsque la structure grandit et en arrive à structurer son MVP (Minimum Viable Product), elle peut se faire accompagner par un incubateur ou un pré-accélérateur, ce qui est souvent la même chose.

Puis, lorsque l'entreprise est plus mature, a stabilisé son produit, développé ses équipes et commence à avoir un chiffre d'affaires significatif, alors l'accélérateur peut devenir une bonne solution.

Les incubateurs ont pour principal objectif d'aider les entrepreneurs à prendre du recul et à gagner du temps en évitant les grosses erreurs.

Les incubateurs se sont développés à vitesse grand V ces dernières années. Plus de 50% des grands groupes et 2/3 des grandes écoles en possèdent un.

On recensait près de 300 incubateurs en France en 2018 en augmentation de 12,5 % par rapport à l'année d'avant.

Ce mouvement s'inscrit dans l'ambition French Tech, portée par la volonté du gouvernement de faire de la France une Start-up Nation.

En échange d'un loyer, l'incubateur fournit plusieurs types de services : un espace de travail et des salles de réunion pour rencontrer des partenaires, un laboratoire de recherche pour réaliser des prototypes et un écosystème de professionnels pour distiller conseils et « good tips » aux startuppers.

Un incubateur a pour fonction de suivre une start-up de la naissance aux premiers pas.

Les accélérateurs prennent ensuite le relais et ont pour objectif d'aider ces jeunes pousses à passer à la vitesse supérieure.

L'objectif est clair, il s'agit d'accélérer le développement des jeunes entreprises, d'aider les start-ups à franchir sans encombre les premières étapes et à atteindre rapidement une taille ou un chiffre d'affaires critiques.

Les accélérateurs proposent donc des programmes relativement intensifs de développement des activités des start-ups et des compétences d'entrepreneur de leurs fondateurs. Le tout étant porté par des ambitions de croissance importantes.

La position de l'accélérateur dans une chaîne d'accompagnement se situe donc post incubation afin d'accompagner les jeunes entreprises au moment de leur phase d'amorçage commerciale.

Ainsi si les accélérateurs ne prennent pas de structures trop « Early Stage », leurs points de vue varient sur le niveau de maturité de la start-up à accélérer.

Certains accélérateurs ne voient pas d'inconvénient à accompagner des start-ups déjà installées avec un chiffre d'affaires plus élevé.

Certains fournissent des espaces de travail.

Ils offrent tous un suivi plus prononcé, plus « pointu ». Ils ont recours à des experts sur différentes thématiques, des entrepreneurs aguerris et des partenaires financiers dans le but de permettre aux start-ups accompagnées, de se développer beaucoup plus rapidement.

En 2018, la France comptait 56 accélérateurs (publics, corporates et indépendants), en croissance également de 12% par rapport à 2017.[30]

L'accompagnement proposé par les accélérateurs se décompose généralement en 3 étapes.

La première consiste à structurer plus finement le projet de développement de la start-up, à affiner son product/market fit (adéquation produit/marché) et à se donner un minimum de visibilité sur le volet financier.

La deuxième, sur une période variable d'un accélérateur à un autre, consiste à apporter des outils et des méthodes à travers des parcours thématiques tels que le développement commercial, le management des équipes, le financement, le recrutement, la communication ou encore la visibilité médiatique.

Enfin la dernière étape est axée sur le business development avec la multiplication de rencontres avec des partenaires privés et l'accroissement du portefeuille clients.

A chacune de ces étapes, les accélérateurs fournissent un accompagnement personnalisé se composant d'actions collectives comme des ateliers, événements et conférences ainsi que des entretiens réguliers, du coaching et des conseils lors des phases de levée de fonds sur un plan plus individuel.

---

[30] Chaltiel Adrien, *Point d'étape sur l'écosystème startups français en 2019*, medium.com

Bien souvent, les accélérateurs font appel à des experts externes en plus de l'expertise propre qu'ils sont capables de transmettre.

Le but est de créer de la valeur à travers la transmission de savoir et la mise en relation avec un écosystème d'affaires, afin d'atteindre le plus rapidement possible l'adéquation produit/marché ou product/market fit.

Ces accélérateurs peuvent être généralistes ou spécialisés.

La spécialisation s'effectue soit au niveau de la technologie, soit au niveau du secteur d'activité.

Les technologies les plus recherchées en ce moment concernent l'Internet des Objets (IOT), les solutions de big/smart data et l'Intelligence Artificielle.

Côté secteurs d'activité, les plus présents sont la santé, les services financiers, l'e-commerce et la mobilité.

En général les accélérateurs spécialisés se focalisent sur 3 ou 4 technologies ou secteurs, rarement plus.

L'intérêt pour les structures accompagnées réside dans la capacité des accélérateurs spécialisés à fournir une expertise et des services à plus forte valeur ajoutée, bref de renforcer et de différencier leur « value proposition ».

Quelques propositions de valeur d'accélérateurs relativement différents

Comme nous l'avons vu, il existe différents types d'accélérateurs, des accélérateurs « publics » aux privés en passant par les accélérateurs corporates, l'offre est importante.

Si les accélérateurs corporates sont arrivés les derniers, ils se sont également rapidement développés.

Ainsi que ce soient TF1, les Mutuelles d'Assurance niortaises, la Poste, Le Crédit Agricole ou encore Ouest France, toutes ces belles entreprises de l'ancienne économie ont développé leur propre accélérateur et ce avec plusieurs objectifs en tête.

Les accélérateurs corporates présentent en effet plus d'un avantage.

Ils permettent tout d'abord de se tenir au plus près de l'innovation technologique.

Ils favorisent l'apprentissage des méthodes agiles et des meilleures techniques en matière de gestion de projet.

Ils constituent également un bon moyen d'enrichir la démarche de R&D des grandes entreprises tout en augmentant leur visibilité auprès de l'écosystème des start-ups.

Côté accélérateurs publics, même si la dynamique était déjà active bien avant la naissance de la BPI, cette dernière a fait de l'accompagnement en accélération des entreprises le cœur de sa stratégie afin d'impacter positivement et durablement le tissu économique français.

Et les accélérateurs privés dans tout ça ! Ils ont également vu leur nombre augmenter très rapidement depuis 2010. Axés principalement sur un modèle de prise de participation ou de % des levées de fonds, les accélérateurs proposent des structures de programme dont la configuration diverge mais la philosophie reste proche.

Elles peuvent se matérialiser par une durée fixe ou plus flexible en fonction de l'avancée et du bon timing pour la start-up.

Généralement, les durées de programme varient entre 3 mois et 3 ans. Elles restent cependant en moyenne autour d'un format de 12 mois.

Attardons-nous un instant sur 3 d'entre eux.

Spark, l'accélérateur de Microsoft, se donne comme objectif d'aider les entreprises à passer de l'idée à un produit bien conçu accompagné d'un business model viable.

A travers un programme relativement court d'une durée de 3 mois, Spark fournit du coaching technique, de l'expertise design et du mentoring business avec la mise à disposition de personnes d'expérience aux profils variés allant du capital risqueur à l'entrepreneur à succès.

TheFamily, le médiatique accélérateur d'Oussama Ammar, d'Alice Zagury et de Nicolas Colin se donne comme mission d'aider les start-ups dans leur développement à chacune des étapes de leur vie avec comme ambition de les amener au stade de la grande entreprise.

Dans cet état d'esprit, The Family ne donne pas de durée à son accompagnement.

Ainsi une start-up va disposer du temps nécessiare pour se développer et atteindre les différents niveaux de maturité.

TheFamily entend apporter 3 choses aux start-ups.

Elle offre de la formation se caractérisant par la transmission de connaissances et de la culture start-up en continu, des privilèges ainsi que des « unfair advantages », à savoir des bénéfices et avantages dus au fait d'être au sein de TheFamily.

L'accélérateur offre enfin un accès au capital au bon moment.

Enfin dernier exemple, chez Wilco, les start-ups qui sont intégrées ont en moyenne 8 mois d'existence et réalisent 50 000 € de CA.

Le programme de cet accélérateur d'un autre genre dure 3 ans avec comme objectif d'aider les start-ups à faire leur premier million d'euros de chiffre d'affaires (aujourd'hui 20 % des start-ups y arrivent en 3 ans).

A cet effet Wilco n'hésite pas à mettre à disposition des business développers de 8 à 60 jours pour accompagner les start-ups dans le cadre de leurs démarches commerciales.

5. La pensée *Total Design*

Les fondements de la pensée Total design

Au cœur de la réussite des entreprises du digital réside la capacité à mettre en œuvre des modèles d'innovation puissants et des schémas de commercialisation courts des produits et services.

Dans un contexte économique fortement marqué par l'expérience client, la pensée design s'est imposée comme un état d'esprit et une approche méthodologique permettant de chercher, d'identifier et de capter la valeur.[31]

Le design porte un regard différent sur la manière de générer de l'innovation, de la matérialiser et de l'expérimenter. C'est une démarche collaborative, mobilisatrice et méthodique que chacun peut utiliser pour créer une proposition de valeur différenciante et efficiente.

Le design a contribué à créer les conditions dans lesquelles les entreprises de la Silicon Valley ont prospéré et continuent de croître face à des mutations économiques de plus en plus rapides.

A en croire les CxO[32] des entreprises les plus emblématiques de la révolution digitale, la pensée design rend l'organisation plus performante en permettant d'aborder les problèmes clients d'une manière nouvelle en se concentrant davantage sur l'action que sur la planification.

---

[31] Vander Pijl Patrick, Lokitz Justin, Solomon Kay Lisa, *Design a better business : les nouvelles clés de la stratégie et de l'innovation*, Pearson, 2017

[32] Dirigeants et Directeurs

A la pensée stratégique de l'ancienne économie, celle que nous avions nommée *Strategic Design* [33]dans un ouvrage précédent, se voit substituée une nouvelle manière de penser et d'agir ayant pour but de favoriser une meilleure exploitation des opportunités de croissance et de mieux accompagner une dynamique de changement constante.

Le *Total design* est né et il est obsédé par le client !

Il ne pense qu'à lui et aux problèmes qu'il rencontre. Il utilise des outils, des savoir-faire et des compétences afin de chercher, de concevoir, de tester et de mettre en œuvre de nouvelles propositions de valeur et de nouveaux modèles économiques.

L'approche est résolument itérative et procède par essais, tentatives, tâtonnements et allers-retours.

Le design ne s'utilise pas uniquement pour concevoir de nouveaux produits ou de nouveaux services.

Il peut s'utiliser sur l'ensemble des enjeux auxquels doivent faire face les entreprises : de l'amélioration constante de l'expérience proposée aux clients à l'anticipation des évolutions des modèles opérationnels et des voies de diversification à explorer.

L'approche par le *Total Design* ne peut s'épanouir qu'au sein de modèles de management animés par la pluridisciplinarité, l'absence de silos, la culture client, le prototypage, l'expérimentation ou encore le feed-back.

Précisément ceux qui s'épanouissent au sein des entreprises digitales.

---

[33] Monnerie Sylvain, *Op Cit*, Maxima, 2018

Nous y reviendrons.

Un parcours de designer

Le point central du design tient au caractère itératif de son séquencement.

Il s'agit de partir d'un point de vue, de créer des options susceptibles de répondre aux opportunités identifiées, de les tester, de les valider (ou pas) et de mettre en œuvre celles qui ont franchi toutes les étapes et qui sauront le mieux répondre aux enjeux travaillés.

Ce point de vue d'où nous partons est toujours alimenté par une phase d'exploration et de compréhension, prérequis à la capacité de générer de nouvelles idées.

Les idées les plus remarquables seront prototypées et testées auprès des clients afin d'en mesurer leur véritable pertinence et leur capacité performative.

Cette séquence globale viendra à son tour éclairer et enrichir le point de vue permettant d'affiner les idées et leur déploiement.

Tout parcours de design doit être préparé minutieusement.

Observer et comprendre les clients, les activités, les concurrents, les ruptures et le contexte économique, politique et réglementaire dans lequel tout cet ensemble s'inscrit constituent la première étape et président à la phase d'idéation.

Se succéderont les phases de prototypage, de test et de déploiement.

Reprenons :

1. Comprendre : tous les parcours de design débutent en pensant au client, au contexte et à l'entreprise.

2. Générer des idées : l'exploration et la démarche de cadrage et de compréhension vont permettre aux participants de se mettre en situation de proposer des réponses aux problèmes qui se posent aux clients.

3. Prototyper : donner vie à ses idées, les matérialiser, leur donner corps pour apprendre d'elles, voilà l'objectif essentiel du prototypage.

4. Tester : jusqu'à quel point les clients portent un intérêt aux solutions envisagées, expérimenter si les produits ainsi conçus créent des bénéfices qui comptent pour les clients et quels en sont les aspects qu'ils apprécient afin de se focaliser sur les attributs qui génèrent le plus de valeur.

5. Valider : les hypothèses et la mesure de la valeur puis déployer.

Le parcours de design est un processus cyclique et itératif, conçu pour être le plus adapté possible à l'incertitude.

Quelques prérequis sont incontournables : des équipes bien préparées, un espace dédié, des approches de facilitation visuelle, une volonté de prototyper et de tester les idées.

De nombreux outils éprouvés sont à la disposition des équipes afin de rendre l'exercice plus efficace en facilitant et en cadrant la démarche d'idéation : le business model canvas[34], le value proposition canvas[35], le storytelling canvas[36], …

Nous allons présenter plus en détail dans le chapitre qui suit les étapes du design thinking, méthode phare de la pensée design.

La pensée design au service du développement

L'adéquation entre ce que compte proposer une entreprise et ce qu'attendent les clients est indispensable pour qu'une proposition de valeur rencontre avec succès son public.

L'adéquation se réalise à travers trois moments clés.

Le premier a lieu lorsque les aspirations, problèmes et bénéfices clients identifiés peuvent trouver une réponse à travers la proposition de valeur adressée.

Le deuxième intervient lorsque les clients réagissent positivement à la proposition de valeur et que celle-ci s'installe sur le marché. Dans l'univers des start-ups, cette phase s'appelle le « product/market fit » ou adéquation entre le produit et le marché.

---

[34] Osterwalder Alexander, Pigneur Yves, *Business Model nouvelle génération*, Pearson, 2011
[35] Osterwalder Alexander, Pigneur Yves, Bernarda Greg, Smith Alan, *La méthode Value Proposition Design*, Pearson, 2015
[36] Vander Pijl Patrick, Lokitz Justin, Solomon Kay Lisa, *Op cit*, 2017

La dernière se présente lorsque cette proposition de valeur à succès s'intègre dans un modèle économique rentable et pérenne.

La pensée design permet de concevoir de nouveaux modèles économiques et d'aller chercher de nouveaux marchés ou de pénétrer des plus anciens à travers une proposition de valeur renouvelée.

Elle refonde la pensée stratégique par une exploitation de nouvelles opportunités et de nouveaux gisements de croissance fondée sur une capacité d'innovation, de conception et d'exécution renouvelée.

6. La démarche de design thinking

Le design thinking, l'innovation et l'expérience utilisateur

Comme nous l'avons déjà évoqué, le design thinking se présente comme l'approche méthodologique phare de la pensée design ou *Total Design.*

Le design thinking transforme les démarches d'innovation en plaçant les attentes clients au cœur de l'approche et les expériences de chaque collaborateur au centre de la création collective, au-delà des grades, fonctions et statuts au sein des entreprises.[37]

Le design thinking favorise à ce titre l'agilité organisationnelle et accélère la construction des projets.

La démarche se focalise sur une compréhension fine des attentes et des besoins des clients. En faisant le pari de l'intelligence collective, l'approche redonne aux collaborateurs le plaisir d'échanger sur leurs expertises et savoir-faire.

Elle favorise la mobilisation de chacun dans un but commun, celui d'améliorer l'expérience des clients et la performance de l'organisation.

Elle s'inscrit résolument dans une logique de cycle raccourci à même de répondre aux besoins d'immédiateté des clients, immédiateté renforcée par la contraction du temps générée par le digital.

Les bénéfices du design thinking sont multiples.

---

[37] Biso Stéphane, Le Naour Marjorie, *Design thinking, Accélérer vos projets par l'innovation collaborative*, Dunod, 2017

L'approche permet de délivrer des résultats tangibles en partant de l'exploration jusqu'au prototypage. Prototypes qui seront ensuite testés auprès des clients, dans une logique itérative d'améliorations continues favorisant une mise en marché accélérée.

Ce qui est en jeu c'est bien la construction de l'expérience client de demain en partant précisément du client et en impliquant systématiquement et dès le début les collaborateurs de l'entreprise.

Si le design thinking n'a pas vu son acte de naissance au moment de l'explosion de l'économie digitale, la Silicon Valley lui a donné ses lettres de noblesse.

Que ce soit Apple, Google, Twitter ou encore Pinterest, chacune de ces grandes réussites entrepreneuriales a largement utilisé l'approche design thinking et continue de la déployer.

Une raison essentielle, toutes ces entreprises successfull considèrent le design thinking comme un véritable accélérateur d'innovation.

> *« La Valley possède une culture participative unique au monde. Aux antipodes de la culture autocratique qui domine dans l'univers des PME. Et c'est cette culture participative qui a donné naissance aux start-ups dans leur forme actuelle. »*[38]

Le design thinking est à mettre en relation étroite avec le lean start-up.

---

[38] Rudelle Jean-Batiste, *Op Cit*, 2015, p 166

Cette méthode a été développée il y a une dizaine d'années par Eric Ries sur la base de la pensée Lean[39] tout en l'adaptant à la physionomie et aux contraintes des start-ups de la Silicon Valley. Il s'agit avant tout d'une méthode dédiée au lancement d'une activité articulée autour d'un produit ou d'un service.

Elle se définit par une mise à l'épreuve rapide des concepts et des idées, une philosophie de l'expérimentation et de l'amélioration continue.

Elle a pour ambition de raccourcir les cycles de commercialisation, de mesurer l'intérêt des clients envers le produit et d'itérer sans cesse.

Le design thinking porte la même attention à l'observation du besoin de l'utilisateur final afin de concevoir, puis de matérialiser la solution qui répondra le mieux à ses attentes.

Pour ce faire les étapes clés d'un projet sont coconstruites avec plusieurs parties prenantes (collaborateurs, experts extérieurs, panels de clients, ...).

L'objectif est de donner corps à des idées à travers une approche déjà évoquée et que nous synthétisons en trois grandes phases comprenant : l'exploration, l'idéation, le prototypage et les tests.

De l'exploration à l'expérimentation

La phase d'exploration : observer et écouter les potentiels utilisateurs pour comprendre leurs attentes.

---

[39] Ries Eric, *The lean start-up*, Penguin, 2011

Cette phase passe évidemment par de la recherche documentaire, la prospective et l'utilisation de benchmark afin d'avoir une vision suffisamment étayée.

Mais plus encore, l'enjeu est de mobiliser les collaborateurs d'entrée de jeu, notamment ceux en contact direct avec les clients afin d'avoir leurs points de vue sur la pertinence de l'expérience client proposée et son adéquation avec les comportements, besoins et attentes de ceux-ci.

Les institutions financières pour ne citer qu'elles, se sont, dans leur grande majorité, orientées sur le terrain de la transformation et de l'innovation. Elles qui n'étaient pas spontanément et culturellement les plus promptes à s'engager sur les voies de la digitalisation et de l'innovation.

Pour autant, avec beaucoup d'envie et d'ambition, elles ont entamé la refonte de l'expérience proposée à leurs clients : digitalisation des offres à travers des parcours ergonomiques, réflexion sur la complémentarité des canaux physiques et digitaux, travail sur l'attractivité des agences à travers de nouveaux formats innovants, développement du marketing digital et structuration d'un écosystème de start-ups autour d'elles.

Elles savaient pertinemment que leurs clients allaient prochainement exiger de leur(s) banque(s) et de leur(s) compagnie(s) d'assurance la même simplicité, la même fluidité et la même liberté de service que celles déjà vécues chez des champions du digital tels qu'Amazon, Airbnb ou encore Uber.

C'est à travers une phase d'écoute accentuée que les banques et les assureurs les plus volontaristes ont amorcé leur transformation digitale et culturelle.

La phase d'idéation : construire collectivement et de manière collaborative de nouvelles solutions.

C'est la phase d'approfondissement de l'observation et de l'écoute active du client.

Elle permet aux participants des groupes de travail de rester constamment axés sur l'expérience client à chaque étape de son parcours : ses habitudes, ses logiques de navigation, ses questionnements, les points positifs et les irritants auxquels il fait face.

Bref, il s'agit de mieux comprendre le vécu client afin de poser des pistes d'optimisation de son parcours et de sa relation à l'entreprise.

Pour accompagner cette phase d'idéation, les participants des groupes de travail peuvent appuyer leur réflexion sur deux outils collaboratifs destinés à mieux cerner les attentes des clients.

Le premier est l'empathy map. Cet outil a pour ambition de mettre en exergue les difficultés rencontrées par le client, ses points de souffrance et de blocage, ses besoins fondamentaux.

L'empathy map est largement codifié et se structure autour de 5 grands items ou questions : ce que le client ressent, ce qui l'influence, ce qu'il voit, ce qu'il fait et ce qu'il dit.

Le second, l'expérience map permet d'affiner les éléments ayant émergé grâce à l'empathy map.

L'expérience map permet de matérialiser l'expérience du client au travers des différentes étapes de son parcours de consommation : les actions qu'il entreprend, les questions qu'il se pose, les bons moments vécus lors du parcours et les irritants rencontrés.

L'expérience map se décline la plupart du temps en personaes.

Ces deux outils permettent d'identifier et de conceptualiser les évolutions et améliorations possibles à apporter tout au long du parcours et de déterminer leurs moyens de mise en œuvre opérationnelle.

Ils permettent de cartographier l'expérience vécue des clients avec un produit ou un service. Car les parcours clients ne sont pas linéaires. Ils interagissent avec certains points de contact et en ignorent d'autres. Il est fondamental de comprendre les moments clés où les clients répondent positivement afin de concevoir les meilleures expériences possibles.

L'enjeu est bien de s'inscrire dans une approche centrée utilisateur en se mettant à la place de celui-ci (d'où l'utilisation de personaes ayant pour objectif d'essayer de cerner les attentes et les besoins clients).

La phase de prototypage et de tests : concrétiser les améliorations et tester les solutions envisagées.

Cette phase est celle de la concrétisation et de la visualisation des concepts produits lors de la phase d'idéation, en allant du croquis aux prototypes UX les plus aboutis.

C'est d'ailleurs un des intérêts forts du design thinking que de permettre très rapidement de maquetter/prototyper les idées.

Les premiers jets imaginés sur paper board et validés par les groupes de travail sont dans un second temps maquettés et prototypés par un designer avec l'appui des technologies digitales.

Ainsi les évolutions proposées peuvent devenir une ergonomie, une scénarisation, une cinématique d'enchaînement d'écrans d'un site Web ou d'une application mobile par exemple.

Un aménagement d'espace ou un produit peut même être modélisé et matérialisé grâce à une imprimante 3D.[40]

Lorsque les évolutions proposées concernent le Web, la scénarisation ou cinématique d'enchaînement des écrans permet de mettre à la disposition des groupes de travail et des panels d'utilisateurs une maquette fonctionnelle interactive.

---

[40] L'impression 3D permet la création d'objets en trois dimensions grâce à une imprimante 3D, un fichier numérique et certains matériaux comme le plastique, la céramique ou la résine.

Celle-ci permet donc de simuler le parcours client et de naviguer entre les différents écrans d'un site ou d'une application.

Ainsi les contenus, l'ergonomie et la priorisation des fonctionnalités peuvent être facilement testés. Cela favorise la détection des ruptures dans le parcours, des erreurs de conception et permet une amélioration du concept avant même son développement.

La construction d'un MVP (Minimum Viable Product) procède de cette logique et permet de s'assurer de la viabilité d'un produit même dans sa version « élémentaire ».

Le MVP a pour but de se focaliser sur l'essentiel afin de réaliser son prototype dans un délai relativement court.

Le prototype en rendant plus concrète l'idée permet d'explorer différentes perspectives et d'avoir des retours d'expérience de la part des clients qui permettront à leur tour d'améliorer l'idée.

Le prototype permet de tester l'idée dans le monde réel.

D'ailleurs le prototypage n'a pas besoin de coûter très cher.

A titre d'exemples, il peut se matérialiser par une page d'accueil simple, un packaging réduit à l'essentiel, un collage réalisé à partir de visuels de magazines, une fiche technique, une brochure ou encore une vidéo simple à la manière de Dropbox.[41]

---

[41] Osterwalder Alexander, Pigneur Yves, Bernarda Greg, Smith Alan, *Op Cit,* 2015

Il n'a pas besoin non plus d'être « physique ».

Autre exemple, le storytelling peut être un excellent moyen de prototyper des idées à un stade précoce de la démarche, le storyboard ou encore le roman graphique fonctionne également très bien.[42]

Le but de la phase d'expérimentation est précisément de tester auprès des clients et des collaborateurs quelle proposition de valeur pourrait trouver un écho auprès des publics de la marque et comment celle-ci pourrait s'inscrire dans un business model viable.

Cette phase permet de tâtonner, d'itérer, de retravailler des idées et des hypothèses.

Il s'agit bien de tester les hypothèses les plus fondamentales sur lesquelles repose le modèle économique porté par la proposition de valeur.

Les ajustements à réaliser en fonction des réactions des utilisateurs s'effectuent la plupart du temps sous forme de sprints permettant des évolutions de fonctionnalités gérées sur des temps très courts de développement.

La démarche de Test and Learn qui s'applique tout au long du développement et de l'enrichissement des solutions en construction permet de raccourcir le cycle de mise en marché et d'assurer une commercialisation plus rapide.

Ainsi le design thinking ne favorise pas seulement la mobilisation de l'intelligence collective, il permet de raccourcir de manière importante le time-to-market (temps

[42] Vander Pijl Patrick, Lokitz Justin, Solomon Kay Lisa, *Op Cit,* 2017

de mise sur le marché) tout en ayant testé à minima le product/market fit (adéquation du produit au marché/aux attentes clients).

Voilà pourquoi, cette approche s'impose de plus en plus comme incontournable pour les grandes entreprises face à la nécessité de s'aligner sur les standards élevés en termes d'expérience client imposés par les champions de l'économie digitale.

Pour conclure, Philippe Korda nous explique, dans l'une de ces interventions dédiée à la pensée design, l'approche déployée par le fonds de venture de Google lorsqu'il investit dans une start-up.[43]

Chaque petite pépite digitale en devenir passe sous les fourches caudines du sprint design afin d'accélérer le process d'innovation.

Cette démarche se déroule sur une semaine et a pour but de raccourcir les cycles d'innovation à un coût extrêmement limité.

En voici l'agenda :

- Jour 1 : définition du problème en se mettant dans la peau des utilisateurs
- Jour 2 : inventaire de toutes les solutions ou éléments de solution existants
- Jour 3 : élaboration de scénarios et choix d'un scénario combinant différents éléments de solution

[43] Korda Philippe, *Pensée Design et innovation*, Korda, 2017

- Jour 4 : élaboration du prototype
- Jour 5 : réalisation de tests utilisateurs

Une illustration concrète, s'il en était besoin, de la rapidité avec laquelle cette méthodologie de génération d'innovation peut être mise en œuvre.

7. Innovation first

Penser la rupture

L'innovation telle qu'elle est envisagée est avant tout une innovation de rupture.

Il s'agit de créer les conditions permettant d'exploiter les opportunités offertes à la fois par les progrès technologiques et l'évolution des usages.

Les démarches de rupture sont pensées en termes de changement total de l'expérience utilisateur, à titre d'exemple les progrès de l'Intelligence Artificielle vont permettre d'envisager différemment les logiques de navigation et les parcours d'achat sur le Web.

La plupart des départements R&D des grandes entreprises sont orientés vers l'innovation incrémentale.

Plusieurs raisons président à cet état de fait.

En premier lieu, ces entreprises ne partent pas de la page blanche et ont un historique qu'il convient d'optimiser.

Ensuite les projets doivent aboutir et l'abandon de telle ou telle démarche reste vécu comme un échec.

Enfin, sont attendus de ces travaux des retours sur investissement (ROI) mesurables.

A l'opposé nos champions du digital savent comment saisir les moments charnières, les pivots économiques faisant d'une fonctionnalité perçue jusque-là comme inutile, un indispensable pour les consommateurs. Leur talent leur permet de proposer à nos sociétés, des services jugés inconcevables il y a encore seulement quelques années.

> *« Mais l'entreprise à l'avant-garde n'est pas du tout une entreprise automobile traditionnelle : c'est Google. Depuis six ans, le laboratoire Google X travaille sur la voiture Google sans conducteur. Bien qu'une grande partie de la technologie soit exclusive et secrète, l'entreprise a divulgué quelques caractéristiques majeures. »*[44]

Être en capacité de développer cette agilité-là passe par la mise en place de méthodes de travail différentes, une ouverture au monde des possibles et une « sanctuarisation » des projets de rupture.

« Scrumiser » son approche de l'innovation

Aux approches traditionnelles de gestion de projet informatique de type cycle en V, les entreprises du digital ont opposé des approches plus souples, plus agiles selon le terme consacré, destinées à réduire les cycles de commercialisation des produits et des services.

Parmi ces approches, la méthode Scrum s'est imposée comme la plus emblématique même si elle n'est pas la seule.

Cette méthode repose sur la vérification de la validité des concepts, l'expérimentation et le design itératif.

Exit les plans projets avec expression de besoins volumineuse, le mode de fonctionnement itératif et incrémental devient la règle.

---

[44] Ross Alec, *Op Cit*, 2018, p 49

L'échelle de temps est séquencée en sprints, de durées variables mais la plupart du temps bornées et organisées de 3 semaines à un mois.

Cette séquence de 3 semaines à un mois correspond au temps nécessaire pour réaliser les développements de fonctionnalités demandés par le métier tout en permettant de recadrer régulièrement la démarche de développement.

Ces demandes de fonctionnalités sont intégrées et priorisées au sein d'un document unique sur lequel vont se baser les développeurs.

Ce document se nomme le product backlog. Il recense toutes les caractéristiques du produit ou du service en cours de développement.

Les fonctionnalités priorisées ou product backlog items vont être décomposées en tâches qui vont faire l'objet d'un calibrage en heures au sein d'un sprint planning.

Cette première phase de planification se poursuit par une séquence d'exécution, de développement des incréments de fonctionnalités.

Ces incréments qu'ils soient aboutis ou non vont être tout de suite montrés aux utilisateurs.

L'idée centrale des méthodes agiles comme le Scrum réside dans l'interaction constante entre l'équipe de développement et les utilisateurs afin d'adapter, d'ajuster les fonctionnalités.

La sprint review va permettre de faire le point avec les utilisateurs sur les éléments à ajouter et à supprimer au product backlog.

> *« Dans le cadre d'un projet de développement de logiciel, le client élabore sa vision du produit à réaliser et liste les fonctionnalités. Il soumet cette liste à l'équipe de développement en communicant directement avec elle. L'équipe sélectionne ensuite une portion des exigences à réaliser dans une portion de temps courte appelée itération. »*[45]

Le Scrum induit un niveau d'autonomie très significatif pour de petites équipes appelées « Pizza Team » comprenant architectes techniques, applicatifs et développeurs.

En impliquant l'utilisateur du début à la fin du projet et en définissant des séquences d'avancement précisément définies dans le temps, le Scrum permet de maintenir la dynamique des processus d'innovation, de satisfaire au mieux à la demande des utilisateurs et de réduire nettement le time to market.

Le prototypage est un élément clé de la démarche.

Le modèle d'innovation doit matérialiser rapidement l'idée et ce, avec un investissement initial minimum. Le MVP ou Minimum Viable Product a pour objectif de prouver la valeur d'une fonctionnalité.

Il permet donc de lancer des produits ou services radicalement nouveaux et de les tester dans une version

[45] Biso Stéphane, Le Naour Marjorie, *Op cit,* 2019, p 35

simplifiée afin de voir s'ils suscitent de l'intérêt auprès des futurs clients.

La pertinence de cette démarche est renforcée par l'accès aux données permis par les activités digitales.

Ainsi l'analyse de ces données permet de comprendre ce qui prend et ce qui ne prend pas auprès d'une population ciblée et d'améliorer le produit beaucoup plus rapidement qu'auparavant.

Le monde des possibles

Internet a ouvert de nombreux champs d'innovation. Il a favorisé la rupture en démocratisant l'innovation, en baissant le coût de celle-ci et en la rendant de plus en plus accessible.

Non seulement les technologies digitales vont se sophistiquer de plus en plus mais leur coût de revient sera de moins en moins cher à la manière de l'effondrement du prix du stockage et de l'administration des données.

De nombreux exemples viennent étayer nos propos et rendent possibles des choses qui jusqu'alors étaient impensables.

Arrêtons-nous un instant sur les fablabs et les plateformes collaboratives.

A l'origine, issus du MIT, les fablabs ont vocation à matérialiser l'idée d'appliquer dans l'économie réelle du physique et des objets, les recettes de croissance du digital appliquées dans le monde du Web et résultant en grande partie de la baisse drastique des barrières à l'entrée.

Ainsi la fabrication pilotée par ordinateur a permis de créer une dynamique de prototypage rapide d'objets et plus seulement de sites Web ou d'applications.

L'objectif est de matérialiser rapidement un premier prototype, de le proposer et de le tester auprès de son marché cible par l'intermédiaire d'une plateforme d'e-commerce. Le tout avec un coup relativement réduit.

Si le product/market fit est là, le process d'industrialisation classique reprend ses droits et le produit est proposé à des distributeurs.

Le résultat de cette démarche a été l'ouverture de l'outil industriel à un public d'entrepreneurs et de porteurs de projet.

Les fablabs doivent être pensés comme des établissements collaboratifs où le partage de savoir et l'accessibilité à la création sont les principes directeurs.

Il s'agit de doper l'inventivité et de créer des dynamiques fortes d'innovation en donnant accès à des outils digitaux.

Le fablab est donc comme son nom l'indique un laboratoire de fabrication permettant de prototyper rapidement des idées.

Un lieu où l'on fabrique des objets, où l'on vient à la rencontre d'une communauté.

L'un des principaux avantages est de profiter de la diversité des compétences et des savoir-faire présents au sein de la communauté.

Les fablabs peuvent avoir des orientations différentes en fonction des organisations ou communautés qui les créent : ingénierie, coding, arts, conception de produits, création de nouveaux matériaux, …

Ils proposent les machines que la révolution digitale a fait émerger telles que les imprimantes 3D, les scanners 3D, les fraiseuses numériques, les outils de découpe laser, les espaces électroniques, mécaniques ou informatiques.

La France serait le deuxième pays au monde en termes de fablabs derrière les Etats-Unis.

En synthèse, les fablabs constituent de fabuleux espaces permettant d'accélérer les processus de créativité et d'innovation, de les faciliter, de les rendre possibles en permettant un échange maximisé et fluidifié entre les différentes compétences et savoir-faire des organisations qui les pilotent.

Ils constituent également un lieu de contact entre collaborateurs et clients.

> *« Il est désormais possible de fabriquer (on dit « imprimer ») des produits dont le niveau de sophistication aurait été simplement inconcevable il y a une dizaine d'années : cœurs de moteurs de lanceurs spatiaux, pièces de formule 1, prothèses médicales. »*[46]

---

[46] Babinet Gilles, *Transformation digitale : l'avènement des plateformes*, Le Passeur, 2016, p 27

Autre démarche axée sur le déploiement d'une approche collaborative à des fins d'accélération de l'innovation, les plateformes collaboratives, d'open innovation ou encore de recherche fédèrent des groupes de travail aux compétences variées et souvent localisées dans des endroits différents.

Ces plateformes communes sont au centre d'un phénomène de démultiplication des processus d'innovation par le fait même de permettre l'échange d'idées et la cocréation.

La démarche est simple, il s'agit d'identifier les besoins et les présenter, de détecter les matching entre ces besoins et les savoir-faire présents sur la plateforme portés par les différentes communautés et de rentrer dans une démarche de création et de génération d'innovation.

Cette « open innovation plateformisée » ouvre la voie de la collaboration entre entreprises, fournisseurs, chercheurs, free-lanceurs et clients.

Un bon exemple d'open innovation et de crowdsourcing est sans doute la plateforme d'intermédiation Innocentive.

Elle se donne comme mission de mettre en relation des entreprises ayant des enjeux de R&D à résoudre et des communautés de « solvers » à même d'apporter des réponses à ces enjeux.

Les chercheurs inscrits sur la plateforme d'Innocentive reçoivent des récompenses aux montants variables mais pouvant aller jusqu'à plusieurs centaines de milliers de dollars s'ils parviennent à fournir aux entreprises des solutions viables à leurs problèmes.

Le Lab, sanctuaire de la R&D, doit-il être systématiquement isolé ?

Un premier élément de réponse peut résider dans le développement du premier « Macintosh » lui-même par Apple.

Après les deux échecs commerciaux du « Apple III » et de « Lisa » et sous la pression croissante d'IBM, un espace éloigné du reste de l'entreprise Apple a été aménagé.

Steve Jobs a en effet recruté des ingénieurs et les a fédérés en équipe autour de valeurs d'entrepreneuriat et de rupturisme.

Il les nommait les pirates par opposition au reste de l'entreprise appelé la marine.

Ainsi la division Macintosh comptait une centaine de personnes et n'avait pas vocation à s'agrandir.

En 1984 était lancé le Macintosh, l'histoire était en marche:

> *« On january 24th Apple computer will introduce Macintosh. And you'll see why 1984 won't be "1984". »*[47]

Les projets de rupture doivent se construire leur propre culture et leur propre modèle de développement. Voilà pourquoi il est souvent pertinent de les loger au sein d'une entité séparée physiquement, voire juridiquement.

---

[47] 1984 Apple Macintosh Commercial

Créer un Lab isolé composé de personnes aux parcours différents (compétences, origines culturelles et expériences professionnelles) favorise l'innovation de rupture et présente de nombreux avantages.

Cela permet de libérer l'équipe des pressions politiques, des contraintes réglementaires et de l'inertie culturelle présentes dans la plupart des organisations.

Le caractère indépendant du Lab favorise l'adoption rapide de pratiques différentes, cultive la culture projet, facilite le mix des compétences.

Baigné dans une culture de l'expérimentation et engagé dans des circuits courts, le Lab se construit son propre modèle d'affaires en prenant souvent des voies inédites.

8. Excellence client

L'expérience client comme levier majeur de différenciation et de développement

Dans un contexte économique où la pression concurrentielle ne cesse de s'accroître, les entreprises cherchent de nouvelles voies de différenciation.

La nature et l'intensité de la relation qu'elles ont avec leurs clients deviennent un avantage concurrentiel majeur.

Il s'agit d'engager le client plus fortement, de l'impliquer intellectuellement et émotionnellement dans la relation à la marque.

Cet impératif a été renforcé et accéléré par le fait que les acteurs du digital, GAFA en tête, ont imposé des standards élevés en matière d'expérience client.

Ils ont fait de l'expérience client le point central de la réussite et du développement de leurs activités.

Ils sont parvenus à proposer des expériences Best In Class dans toutes les dimensions (Web, social, mobile).

C'est la raison pour laquelle de nombreux spécialistes parlent d'un passage d'une économie de services à une économie de l'expérience où le produit/service s'intègre au sein d'une expérience plus large.

Ce passage à une économie de l'expérience nécessite de ré-enchanter l'acte d'achat et plus globalement l'ensemble de la relation avec les clients.

L'objectif est de créer une expérience unique et singulière, c'est-à-dire propre à la marque, afin de justifier une politique de prix, de générer de la désirabilité de la part des clients, de se démarquer de ses concurrents et de s'inscrire dans une relation durable.

Dans les marchés matures, l'expérience client est devenue une source de différenciation clé, notamment pour les entreprises souhaitant maintenir un premium de prix.

Mais au fond de quoi parle-t-on ?

Et comment cette fameuse expérience client peut-elle se décrire ?

L'expérience client peut se définir comme le ressenti cumulé et consolidé du client ou futur client à la suite de toutes ses interactions vécues avec une entreprise.

Que ces interactions soient représentées par les employés de la marque, ses produits, ses magasins, son ou ses sites Web, son service client, ses campagnes marketing, sa politique de social media, …

L'expérience client est donc cette sémiologie complexe résultant de la perception par le client de l'ensemble des signes et signaux émis par l'entreprise ou la marque. Elle est le produit de la manière dont les clients reçoivent et perçoivent l'ensemble des interactions avec l'entreprise.

Les entreprises du digital ont axé leur développement sur cette notion.

L'enjeu a été dès le départ de tout faire pour satisfaire les « users » (utilisateurs) sans se soucier des contraintes existantes notamment celles issues des réglementations en vigueur.

Cet état d'esprit et cette logique de développement leur ont permis d'offrir des services à très forte valeur ajoutée, le plus souvent gratuits.

Et par effet boule de neige, ils leur ont permis également de collecter de la donnée client, ce qui a renforcé leur capacité de proposition de valeur sur leurs marchés de référence ou sur d'autres grâce à une connaissance déjà fine de leurs clients.

L'expérience client est devenue un espace d'innovation destiné à améliorer constamment les relations avec les utilisateurs avec cette fantastique capacité de mesure de la performance de l'expérience proposée en corrélant leviers de la qualité de l'expérience, satisfaction des clients et niveau de production commerciale.

Le graal résidant dans la faculté à engager émotionnellement le client car l'expérience ne s'appuie pas uniquement sur des leviers tangibles.

Elle porte en elle une dimension émotionnelle plus intangible qui la rend d'autant plus puissante.

Cette dimension émotionnelle modèle la perception globale de la qualité de service et des interactions.

C'est elle qui favorise un sentiment d'intimité et de proximité avec la marque.

Elle peut à elle seule générer une impression positivement durable en personnalisant et en individualisant la relation afin de répondre aux besoins du client tout au long de son cycle de vie.

C'est elle aussi qui va fournir de la reconnaissance afin que le client se sente valorisé d'être et de rester client de la marque.

La dimension émotionnelle de la marque

Une marque peut se définir comme un repère sur le marché pour l'ensemble de ses publics en s'appuyant sur des éléments allant du plus matériel au plus intangible.

Elle porte en elle trois dimensions structurantes qui en font une promesse d'identité, une différence spécifique, un système de valeurs auxquels les consommateurs choisissent ou non d'adhérer.

Le volet métier qui porte les savoir-faire, les produits et la capacité d'innovation.

Le volet relationnel qui définit la nature de l'engagement de la marque vis-à-vis de ses consommateurs, du marché et de la société, qui crée un attachement et suscite la confiance.

Et enfin, le volet imaginaire qui structure un univers de communication et une image de marque constitués de symboles et de signes, un système de signification portant des valeurs fondamentales.

Le développement du service design

A cœur de la construction d'une expérience « augmentée » et unique, la démarche de service design doit s'envisager comme une sorte de « Factory » à même de faire travailler ensemble et séparément clients, collaborateurs et partenaires non seulement sur la nature du service mais également sur la manière dont celui-ci est délivré.

Ainsi le design de service s'inscrit résolument dans une approche collaborative en essayant de comprendre les motivations profondes des clients, individuelles et collectives, présidant à tel ou tel choix.

Pour ce faire les nombreux outils, pratiques et méthodologies permettent au service design d'accéder à une compréhension fine des clients et de leurs usages.

Nous pouvons présenter l'exemple du shadowing ou observation du client qui consiste, à la manière de l'anthropologue de la consommation, à observer le plus finement possible le client tout au long de son expérience et sans que celui-ci ne s'en aperçoive.

D'autres approches réunissent les stakeholders de l'entreprise afin d'optimiser et d'innover sur l'expérience client.

Les utilisateurs, consommateurs sont de plus en plus en demande de participation à la conception des services qu'ils vont utiliser.

Ils souhaitent faire partie de la chaîne de décision et suggérer de nouvelles idées, de nouvelles pistes de développement créatif.

La voix du client

Dans cette nouvelle philosophie marketing, faire entrer la voix du client au cœur de l'entreprise doit être un réflexe à introduire au sein de l'organisation avec une ambition centrale, se mettre à la place du client à chaque prise de décision (nouvelle offre, nouvelle activité, nouvel outil, nouveau process, …).

Ainsi la voix du client doit être intégrée à la vie quotidienne de l'entreprise pour pouvoir être réellement écoutée.

Cela signifie qu'il faut se mettre en capacité de pouvoir remonter l'ensemble des attentes, demandes et motifs de réclamation et y apporter une réponse dans un délai limité.

Pour ce faire, de nombreux moyens peuvent être déployés, du plus qualitatif au plus industriel : interviews, focus group, enregistrements, études de parcours, analyse des réclamations et autres données qualitatives et quantitatives.

A titre d'exemple, de nombreuses organisations ont mis en place des systèmes de partage de ces remontées afin d'apporter des solutions ou amorces de solution rapidement et avec agilité.[48]

Microsoft a institutionnalisé « Les 5' clients » se matérialisant par le fait de commencer chaque réunion par la remontée d'une insatisfaction client et de proposer de manière collégiale des pistes d'amélioration.

Chez ING, on favorise la mise en situation. Ainsi l'employé se met à la place du client sur les différentes interactions que ce dernier peut avoir avec la marque.

Nous sommes sans doute dans un moment unique de l'histoire de la consommation où les clients n'ont jamais

---

[48] Body Laurence, Tallec Christophe, *L'expérience client*, Eyrolles, 2019

confié autant d'informations sur eux et leurs points de vue à travers les médias sociaux.

Le tout renforcé par des plateformes digitales de captation à grande échelle permettant de collecter, d'agréger et de structurer les observations et les connaissances liées à l'expérience client.

A ce titre les techniques des analytics se révèlent incontournables pour qui veut donner du sens à ces multiples contenus.

Et c'est sans surprise que nous pouvons constater que les acteurs du digital ayant le mieux réussi sont ceux qui ont, dès le départ, recueilli les feedback et attentes clients et ont démultiplié les contacts avec leurs users.

Réseaux sociaux et sites Web ont permis le recueil de ces feed-back et ce à chaque étape du développement des produits et services proposés.

> *« Lorsque le MVP est lancé, on peut faire tous types de tests (sur le prix, les messages clés, l'UX) soit en interagissant avec les utilisateurs, soit tout simplement en utilisant des outils analytics qui permettront de comprendre le comportement du consommateur. »*[49]

La refonte du parcours client

Internet a restructuré profondément la relation des marques aux consommateurs à travers 3 grandes dimensions.

---

[49] Babinet Gilles, *Op Cit*, 2016, p 172

En premier lieu, le Web a permis d'offrir à des millions d'utilisateurs une seule et même expérience au sein de nouveaux magasins virtuels.

Pour autant, l'automatisation des étapes du parcours client et la massification des processus qui en résulte se sont accompagnées d'une demande de plus en plus forte de personnalisation du service et de la relation de la part des utilisateurs.

La simplification et la personnalisation des parcours proposés, seconde dimension, a pour ambition de répondre à cette demande.

Le parcours client se doit d'être toujours plus dynamique et permettre la « libre circulation » d'un canal à l'autre en fonction des besoins et des situations clients.

Au centre de cette simplification, la collecte et l'agrégation de la donnée client rendent possible la compréhension fine des usages et l'évolution en continu des fonctionnalités proposées.

Ainsi le parcours client se construit étape par étape dans une logique omnicanale capable d'embrasser le contexte d'usages des clients, des espaces physiques aux applications mobiles en passant par le Web.

L'objectif est donc de proposer une expérience unifiée, sans couture et homogène entre les canaux et ce indépendamment du comportement client.

Pour ce faire, il convient d'identifier les ruptures d'expérience et incohérences entre les canaux afin de (re)-

penser la « chorégraphie » des services la plus pertinente possible dans l'enchaînement des points de contact.

Cette identification des zones à forts enjeux relationnels permet de mettre en exergue les moments de vérité, accélérateurs de la satisfaction ou de l'insatisfaction client, drivers de la bonne ou de la mauvaise expérience.

Les grands acteurs du digital l'ont compris très tôt et offrent une promesse de fluidité en supprimant tous les points de contact qui ne servent à rien, en simplifiant les opérations associées et en limitant au maximum la ressaisie d'informations personnelles.

Si certaines entreprises de l'économie traditionnelle, au prix d'efforts informatiques d'ampleur, excellent dans la prestation d'une expérience client de qualité au sein d'un canal bien défini, la grande majorité peine encore à proposer des expériences de qualité similaire sur tous les points de contact avec le client.

Or face aux standards très hauts des entreprises du digital, les acteurs traditionnels ne peuvent se permettre d'altérer la fluidité d'une expérience qui ne peut plus être que *end to end*. Ce qui demande une compréhension fine des attentes en matière de niveau d'interaction à chaque point de contact.

La mise en place d'outils de mesure sur l'ensemble des parcours clients permet de gérer efficacement les données récoltées pour en tirer les enseignements et les plans d'action adaptés.

In fine, ce qui va compter aux yeux des utilisateurs, cela va être la capacité de la marque à offrir une expérience limitant au maximum le niveau d'effort consenti par un client pour interagir avec elle.

Avoir la capacité d'offrir une expérience ayant supprimé toutes les situations irritantes, tous les allers-retours inutiles et toutes autres pertes d'information au cours d'une demande constitue la source de satisfaction la plus importante et par là même un avantage concurrentiel important.

A ce jeu, les supernovas du digital gardent une longueur d'avance.

Longueur d'avance renforcée par le fait qu'elles bénéficient d'un grand nombre de touchpoints ou occasions de contact avec leurs clients.

A titre d'exemples, Google et Facebook ont en moyenne entre 7 et 10 contacts par jour avec leurs clients ce qui leur donne un avantage relationnel certain.

Pour autant, les acteurs de l'ancienne économie gardent un atout souvent considéré comme un problème à gérer, à savoir leur réseau de distribution et leur capacité d'interaction physique avec les clients.

Car au cœur de la dimension émotionnelle si impactante dans l'intensité de la relation à la marque figurent ces moments d'expérience tangibles et sensibles que sont ceux d'un contact et d'un échange avec une personne.

A un moment d'emballement technologique où la présence physique se raréfie sur la chaîne de service, la relation humaine devient source de différenciation et contribue fortement à connecter les clients à une marque.

Et de cette connexion naît l'engagement dont la solidité est directement corrélée aux bénéfices économiques de l'entreprise.

Plus le client est engagé et moins il coûte cher en frais de gestion, plus il s'équipe, plus il reste fidèle et plus il a tendance à pratiquer la recommandation.

A ce titre, l'expérience client et la performance économique sont directement liées par l'épaisseur d'un NPS favorable.

Fonctionnement du NPS ou Net Promoter Score

De nombreuses entreprises utilisent le NPS comme indicateur principal de satisfaction client.

Il consiste à poser une question à ses clients lors d'une enquête auprès d'un panel représentatif et/ou après chaque interaction : *« Recommanderiez-vous l'expérience à un ami sur une échelle de 1 à 10 ? »*.

Pour les notes entre 0 et 6, les répondants sont considérés comme des détracteurs, pour les notes 7 et 8, comme des passifs et pour les notes de 9 et 10 comme des ambassadeurs.

Le NPS résulte de la soustraction entre les ambassadeurs et les détracteurs.

9. A la recherche de nouveaux business models

Les nouveaux business models de l'économie connectée

Si l'époque est à l'innovation sous de multiples formes, elle l'est surtout par l'impact généré dans le domaine des business models.

L'économie hyperconnectée a déclenché un nouveau souffle sur les modèles d'affaires.

Certains secteurs d'activité se sont effondrés ou connaissent de grandes difficultés, confrontés à de nouveaux entrants très ambitieux défiant des acteurs traditionnels parfois déboussolés.

Car ce qu'a permis le digital, c'est bien cette capacité d'invention de nouveaux modèles économiques proposant de nouvelles manières de créer de la valeur pour les entreprises et les consommateurs.

Ces nouveaux business models, colonnes vertébrales du déploiement des stratégies des acteurs du digital ont impacté à la fois les opérations, les processus, l'organisation, le modèle de distribution, la relation client, les logiques partenariales, la structure de coût et bien évidement les modèles de revenus.

Plus concrètement, ils ont permis de rejoindre les principaux objectifs que se fixe tout nouvel acteur économique ayant la volonté de prendre une position nette et pérenne sur un marché : satisfaire des besoins non encore satisfaits, lancer de nouveaux produits, services ou technologies, améliorer ou refondre un marché existant, créer de nouveaux marchés.

Et dans cette logique, l'économie des plateformes s'est imposée ces dernières années en atteignant des niveaux de croissance souvent spectaculaires.

Il suffit pour cela de regarder l'évolution du chiffre d'affaires des *Home run* tels qu'Amazon, Linkedin, Airbnb, Facebook ou Uber … même si certaines de ces entreprises spectaculaires ne sont pas encore pleinement profitables.

Pourtant elles ont profondément et irrémédiablement transformé la structure de marchés comme la musique, l'hébergement touristique, la mobilité, les services à la personne ou encore les médias.

Attardons-nous un instant sur la manière dont Alec Ross, l'ancien conseiller au digital et à l'innovation d'Hilary Clinton et de Barack Obama, décrit l'économie du partage dont Airbnb ou encore Blablacar à un niveau plus hexagonal sont d'éminents représentants :

> *« Ces places de marché prennent des actifs sous-utilisés (par exemple, un appartement vide, des sièges inoccupés dans une voiture ou des compétences de professeur mathématiques) et les mettent en relation avec des personnes qui cherchent un service particulier. »*[50]

Comment définir une plateforme ?

C'est une offre technique et commerciale contrôlée par un opérateur pivot ayant pour fonction de mettre en relation au moins deux catégories d'agents économiques : les offreurs et les demandeurs.

---

[50] Ross Alec, *Op Cit*, 2018, p 130

Charge à chaque distributeur de rendre sa plateforme la plus attractive possible afin d'être en mesure de générer un maximum de flux et de volumes d'échanges.

La suprématie des plateformes

Le modèle de plateforme dont nous parlons, celui qui s'est imposé le plus nettement, est le modèle appelé la plupart du temps par les spécialistes, le modèle de plateformes multi-faces.[51]

Il s'agit d'un modèle de ré-intermédiation.

Il génère de la valeur en connectant des groupes les uns avec les autres, en tant qu'intermédiaire.

Ainsi pour créer de la valeur, une plateforme doit attirer et servir simultanément plusieurs catégories d'agents économiques.

La valeur de la plateforme pour un utilisateur d'une face va dépendre pour une large part du nombre d'utilisateurs sur l'autre face.

Afin de mettre sur pied le modèle, les plateformes subventionnent la plupart du temps le segment de clients d'une face. C'est-à-dire qu'elles supportent les coûts en proposant le service gratuitement afin d'attirer les utilisateurs.

Ainsi toutes les plateformes recherchent deux effets de levier.

---

[51] Osterwalder Alexander, Pigneur Yves, *Op Cit,* 2011

Les effets de réseau en premier lieu, qui ont pour objectif de maximiser l'audience et l'utilisation de leur service. Ces effets de réseau constituent le nerf de la guerre par l'augmentation constante du nombre d'utilisateurs.

La prime au premier, en second lieu, en allant chercher une pole position afin de capter le plus d'utilisateurs et de développer sa notoriété.

Ces deux effets de levier permettent à leur tour de générer des effets d'entraînement dans une économie marquée par une tendance à la concentration avec une prime à la taille.

En matière de génération de flux de revenus, les opérateurs se rémunèrent la plupart du temps par la publicité, à travers un modèle freemium ou par un modèle de commissionnement.

Cependant d'autres modes de rémunération existent.

Le modèle publicitaire constitue une source de revenus éprouvée rendant possible la gratuité des offres.

Ainsi sur l'une de ses faces, la plateforme conçoit des contenus, des produits et des services gratuits pour attirer des utilisateurs. De l'autre côté, elle génère des revenus en vendant de l'espace et bien souvent des données à des annonceurs dans le cadre de campagnes ultraciblées.

Plus l'audience est importante et plus les revenus publicitaires le sont.

Ce modèle n'est pas sans poser de nouveaux problèmes à des utilisateurs de plus en plus attentifs au respect de leur « privacy » (protection des données personnelles).

A titre d'exemple le géant Google tire la plus grande partie de ses revenus des annonceurs.

Cette manne lui permet de subventionner et d'améliorer en continu ses offres en libre accès pour les internautes et éditeurs de sites référencés.

Les annonceurs n'achètent pas d'espaces publicitaires, ils positionnent des enchères sur des mots clés dont les prix varient suivant la popularité.

Le modèle freemium, de son côté, désigne un modèle économique hybride reposant sur le couplage de services de base gratuits et de services payants.

Dans le modèle freemium, la plus grande partie des clients profitent d'une offre gratuite et sans engagement.

D'ailleurs la plupart des users n'adhérent jamais à l'offre payante.

En moyenne, on considère que seulement 10 % à 15 % des clients souscrivent les services payants.

Pour autant, cette petite frange de clients subventionne la masse des utilisateurs gratuits.

La plateforme est l'actif le plus important dans le modèle freemium parce qu'elle permet de proposer des services de base gratuits avec un coût marginal faible.

Pour que le modèle soit efficient, il faut que la relation client soit automatisée et donc peu coûteuse pour traiter un très grand nombre d'utilisateurs gratuits.

Skype est un acteur qui utilise ce modèle, Spotify également.

Skype est une société de service d'appels vocaux qui fonctionne comme un éditeur de logiciel.

Skype ne possède, ni ne gère aucun réseau de télécommunication. Son service repose essentiellement sur l'application qui utilise Internet pour acheminer des appels. De fait, les coûts d'infrastructure de l'entreprise sont très faibles.

10 % seulement de ses utilisateurs sont abonnés aux services payants, ce qui permet de rendre le business model viable.

Autre modèle, le modèle de commissionnement découle des frais d'intermédiation versés soit par les fournisseurs exclusivement, ou soit par les fournisseurs et clients finaux.

Booking.com par sa position de prescripteur d'achat et d'intermédiaire de plus en plus incontournable se rémunère principalement sur ses fournisseurs hôteliers via des commissions sur les ventes pouvant atteindre de 20 à 30 % tout en fournissant un service gratuit à ses clients finaux.

Uber, qui fonctionne sur un modèle de type market place, ne possède aucune flotte automobile, aucun garage. Il se rémunère sur le prix des courses à hauteur de 20 % de commission tout en prenant en charge pour ses chauffeurs le support technologique (application, système de paiement et ventilation des flux financiers) et les assurances de responsabilité.

Airbnb de son côté, prélève 10 % de commission sur les locations auprès des propriétaires et 3 % auprès des locataires.

Les 3 modèles évoqués (publicitaire, premium et par commission) ne sont pas les seules sources de revenus et peuvent également se coupler.

A titre d'exemple, la plateforme de recrutement Indeed dont la mission est de mettre en relation employeurs et demandeurs d'emplois tire ses revenus de plusieurs sources : liens sponsorisés pour faire remonter les annonces des recruteurs, nombre de clics générés par l'annonce, recrutements effectifs réalisés et services d'accompagnement.

Maximisation des effets de réseau et principes de diversification

Les plateformes ont une démarche commune : enclencher des effets de réseau afin de les positionner en acteurs incontournables au sein d'un écosystème se voulant toujours plus vaste.

Ainsi il s'agit avant tout de se constituer une capacité de distribution d'un éventail de produits et de services très large afin de drainer des flux de consommation toujours plus importants, qui eux-mêmes généreront un effet d'attraction vis-à-vis de nouveaux offreurs.

Cette dynamique vertueuse, du point de vue des plateformes, permet à la fois de baisser la structure de coût et d'assurer des prix toujours plus bas en renforçant leur pouvoir de négociation.

Mais les effets de réseau et les savoir-faire constitués ne s'arrêtent pas là.

Ils peuvent être bénéfiquement utilisés pour entamer une démarche de diversification réussie.

Cela a notamment été le cas d'Amazon qui, après s'être installé comme l'un des market place les plus puissants du monde, a diversifié ses activités en s'appuyant sur ses actifs et les écosystèmes que le géant du digital avait créés autour de lui.

Face à de faibles marges sur son activité première, Amazon a entamé une réflexion et a engagé des initiatives sur de nouveaux marchés.

Cela a donné naissance à Amazon Fulfillment et Amazon Web Services.

Avec Amazon Fulfillment, les partenaires, fournisseurs ou toutes les entreprises qui le souhaitent, peuvent utiliser les infrastructures d'Amazon pour leurs activités.

Au-delà du service de distribution proposé à ses partenaires fournisseurs et rémunéré à hauteur d'une commission moyenne de 7%, la marque offre la possibilité de conserver les stocks dans ses entrepôts et de gérer pour compte de tiers l'ensemble de la logistique, le tout moyennant le paiement d'une redevance.

Avec Amazon Web services, ce sont les capacités des serveurs informatiques de la marque qui sont proposées, espaces de stockage et capacités de calculs informatiques à la demande.

Amazon Storage Systems (Amazon S3) permet l'utilisation de l'infrastructure d'Amazon pour les besoins de stockage de tiers à des prix très attractifs, permettant d'éviter à l'entreprise utilisant ce service d'entretenir ses propres serveurs.

Amazon Elastic Cloud (Amazon EC2) met à disposition des clients les capacités de calcul de l'infrastructure d'Amazon.

10. Data Management et culture des analytics

Rupture et maîtrise technologiques

La grande rupture originelle générée par les futurs géants du digital a été permise sans aucun doute par leurs capacités à développer d'incroyables infrastructures en un temps extrêmement réduit et d'y investir en continu des sommes très importantes.

Puis à partir de ces infrastructures de proposer des services à très forte valeur ajoutée, la plupart du temps gratuitement ou à un prix très faible, attaquant de nouveaux marchés et les dominant en un temps record.

Face à eux des acteurs de l'économie traditionnelle au pire hagards, au mieux s'organisant en ordre souvent dispersé pour amorcer la riposte.

En collectant toujours plus d'informations sur leurs users, la nouvelle économie s'est bâtie une compréhension très fine de ses clients, de leurs attentes et de leurs besoins.

Cette connaissance est au cœur de l'avantage concurrentiel des acteurs du digital, leur permettant de créer sans cesse de nouveaux services de plus en plus adaptés et de plus en plus personnalisés.

Des services qui pour beaucoup, étaient jusque-là inconcevables à imaginer pouvoir mettre en marché.

La donnée et son exploitation, voilà la formule magique des entreprises du digital.

Elles qui ont su développer de manière considérable le nombre de points de contact ou touchpoints avec leurs clients, amassant ainsi toujours plus de données.

Des datas centers d'Amazon aux services cloud de Google, ces espaces de stockage contiennent les traces de centaines de milliards d'interactions sans parler des objets connectés qui vont venir se démultiplier dans nos lieux de vie et qui vont générer à leur tour de nouvelles données, à recueillir et à exploiter.

Jusqu'à une époque encore récente, les capacités d'exploitation de ces données étaient encore limitées et leur coût important.

Cette époque est révolue tant l'algorithmie et le big/smart data ont connu d'immenses avancées dès le milieu des années 2000.

Le big data désigne les technologies permettant l'analyse de quantités très importantes de données afin de comprendre et de prédire les tendances en temps quasi-réel. Le terme regroupe l'analyse des mégadonnées (big data analytics), l'analyse des données brutes (analytics) ou encore l'analyse approfondie des données (deep analytics).[52]

Ces nouvelles solutions d'analyse de données en grande masse sont une composante primordiale du développement des technologies d'Intelligence Artificielle et du machine learning.

Des données éparses, peuvent être rassemblées, harmonisées et analysées bien plus facilement qu'auparavant.

---

[52] Ross Alec, *Op Cit*, 2018, p 210

Cette dynamique est renforcée par le développement de l'open data et la mise à disposition de bases de données et de bases documentaires sur Internet.

Le digital a permis d'augmenter de manière considérable les capacités de collecte et de traitement des données dans une époque où la quantité de données numériques augmente d'environ 50 % chaque année !

> *« La croissance de la collecte de données et celle de la puissance de calcul se complètent mutuellement. Plus il y a de données et plus il y a d'investissements dans les ordinateurs puissants et un stockage abondant pour traiter les données et en tirer des informations commerciales ou stratégiques ».*[53]

Les champs possibles ouverts à l'algorithmie s'en trouvent décuplés : personnalisation, prévisions, détection de tendances ou de signaux faibles.

Voilà pourquoi, pour de nombreux experts du domaine, la multiplication des points de contact et la capacité de collecte de données que cela génère constituent une sorte d'aboutissement à la stratégie de plateforme.

A savoir, la capacité de transactionner une quantité toujours plus importante de données.

Et dans cette démarche, les géants du digital, GAFA, NATU, BATX et autres start-ups s'affirmant sur la scène internationale n'en sont qu'au commencement tant l'information aujourd'hui exploitée ne constitue qu'une petite partie des données exploitables qui elles, ne s'arrêtent plus de croître.

---

[53] Ibid, p 213

La culture des analytics

La donnée représentant un enjeu de premier plan comme nous venons de le voir, rien d'étonnant de retrouver au sein de nos disrupteurs digitaux une culture des analytics largement dominante.

Des tableaux de bord nouvelle génération connectés à la plateforme digitale permettent de connaître l'état de l'activité en temps réel.

Ils permettent d'effectuer toutes sortes d'évaluation et de comparaison, de l'ergonomie des parcours clients aux investissements publicitaires, de l'impact sur les réseaux sociaux à la satisfaction des services après-vente.

Les comparaisons ne s'arrêtent pas là, elles peuvent également s'effectuer entre les différentes business unit, les différents pays, les différentes plaques mondiales afin de croiser les pratiques et d'en déterminer le niveau d'efficacité.

Les analytics permettent également d'étudier plus finement les process d'acquisition et de fidélisation clients.

En bref, ils favorisent une meilleure compréhension de tous les phénomènes d'usage.

Ils rendent possible la réunification des parcours clients.

Ils offrent un niveau de personnalisation client jusque-là jamais atteint et même impensable pour des services de masse.

Ils favorisent l'accès aux données de production en temps réel ou quasi réel.

Ils permettent une visualisation des données facilitant la compréhension des modèles.

Ils ouvrent une compréhension holistique de l'entreprise.

Ils rendent donc possible l'avance prise par cette nouvelle économie sur l'ancienne.

Une avance résidant dans le talent que les entreprises du digital ont à se rapprocher au plus près des besoins clients et à les accompagner à travers un niveau élevé d'interaction, de la recherche d'informations jusqu'à bien après la vente.

Ces néo-entreprises à très haut niveau analytique et relationnel sont celles qui sont sans aucun doute les plus aptes à saisir les opportunités du XXIème siècle.

Le bon produit à la bonne personne au bon moment

Les technologies Big Data sont aujourd'hui en capacité par l'analyse massive de data de donner des réponses à la question centrale de toute démarche commerciale : quel produit pour quelle personne à quel moment ?

Dans son livre passionnant « *On m'avait dit que c'était impossible, Le manifeste du fondateur de Critéo* »[54], Jean-Baptiste Rudelle, le co-fondateur et CEO de Critéo nous raconte son histoire d'entrepreneur et le parcours de sa future licorne jusqu'à son entrée au Nasdaq en 2013.

---

[54] Rudelle Jean-Baptiste, *Op Cit*, 2015

Après plusieurs pivots, Critéo a réussi à trouver son produit et son business model. Les algorithmes de recommandation initialement construits pour conseiller des films aux internautes, ont finalement trouvé leur point d'atterrissage dans la publicité ciblée.

En analysant des millions de données sur des internautes, Critéo est en effet capable de décrypter les intentions d'achat des consommateurs, et ainsi de proposer à ses clients corporates un prédictif des produits susceptibles d'intéresser leurs users.

Cette publicité digitale proposée sous forme de bannière permet à l'internaute qui clique dessus d'atterrir directement sur la page du produit proposé.

> *« Ce type de publicité scientifique ultra-ciblée est très efficace. Beaucoup plus en tout cas que l'approche traditionnelle qui consiste à arroser à l'aveugle n'importe quel internaute avec n'importe quel produit [...] Si vous leur proposez le bon produit qui les intéresse vraiment, ils se mettent à cliquer de manière massive sur ces fameuses bannières. »*[55]

Le produit étant abouti, le product/market fit testé, il fallait maintenant enchâsser le tout dans un business model pérenne et générateur de valeur pour Critéo.

Jean-Baptiste Rudelle et ses associés se sont inspirés du business model de Google à travers ses liens sponsorisés, à savoir une facturation aux clics sur le lien et non une facturation à la recherche générant une apparition du lien sponsorisé.

---

[55] Ibid, p 103-104

Ainsi Critéo a proposé un modèle en rupture avec les pratiques du marketing et de la publicité digitale, un modèle qui déroge à la facturation des bannières sans tenir compte de leur niveau de succès, un modèle de facturation aux clics.

De plus Critéo finance l'achat des espaces publicitaires indépendamment du taux de clics réalisés sur les bannières.

> *« En s'appuyant sur le numérique et la technologie, nous proposons une nouvelle manière d'aborder la publicité. Au lieu de cibler les gens sur ce qu'ils sont [...] nous nous concentrons sur ce qu'ils veulent (un nouveau téléphone, un canapé, des vacances au soleil, ...). C'est une véritable révolution conceptuelle. »*[56]

La rupture avec la publicité traditionnelle était effective !

La technologie et le business model de Critéo ont retourné le marché de la publicité sur Internet de manière irréversible grâce à leur savoir-faire en matière d'analytics et à la puissance de leurs algorithmes.

---

[56] Ibid, p 113-114

11. Transformation du modèle de management

L'innovation managériale selon les acteurs du digital

Nos génies du digital n'ont pas seulement été innovants en termes d'offres, de services, de parcours clients et de business models, pour arriver à cela ils ont favorisé l'innovation managériale en faisant table rase de tous les modèles et habitudes hérités du passé.

Trois grands principes peuvent résumer leur philosophie managériale et organisationnelle.

Le premier consiste à créer des organisations extrêmement plates en termes de strates hiérarchiques.

L'idée est d'éviter à tout prix de reproduire les modèles top down destructeurs d'initiatives, d'idées et d'énergie selon le point de vue des acteurs du digital.

La culture du silo ne doit pas avoir de prise dans cette nouvelle organisation et la hiérarchie doit se faire moins présente afin de favoriser l'autonomie et la capacité de proposition des individus.

La conception verticale du pouvoir consistant à concevoir des modèles hiérarchiques imposants et à promouvoir la division scientifique du travail a fait son temps.

Deuxième principe, toute l'organisation est structurée en mode projet avec la mise en place d'approche agile et la multiplication de petites équipes travaillant chacune sur leur projet.

La méthode Scrum que nous avons déjà évoquée s'est imposée dans de nombreuses start-ups. Et de petites unités, les « pizza teams » se voient confier la tâche de résoudre les points nécessaires à l'avancée d'un projet.

Cette agilité à grande échelle s'accompagne d'un principe de coordination et d'échange constant.

Le Scrum favorise un haut niveau d'autonomie pour ces petites équipes.

La fréquence de mesure de l'avancement est resserrée. Elle se situe généralement entre une et deux semaines, ce qui permet de réorienter les développements ne donnant pas satisfaction, de recadrer régulièrement les projets et de maintenir la dynamique d'ajustement et d'innovation en continu.

Ces pizza team se composent au maximum de 10 à 12 personnes.

En synthèse, la volonté d'agilité et de rapidité des acteurs du digital a présidé à la mise en place d'une organisation se caractérisant par des équipes de petite taille avec un fort niveau de pluridisciplinarité, une très forte autonomie, une mesure en continu des avancées et des difficultés, une capacité de réactivité et d'ajustement.

Les arbitrages du management s'effectuent ponctuellement en fonction des éléments mesurés, de la bonne avancée des projets et des choix stratégiques effectués.

Enfin dernier principe, l'organisation physique des espaces de travail est pensée afin de favoriser et de fluidifier les échanges et le partage des travaux. L'utilisation des outils digitaux en réseau et la mise en place d'espaces de partage de documents viennent renforcer cette capacité d'échange.

La culture organisationnelle chez Alan

Alan est la première compagnie d'assurance dédiée complémentaire santé 100% en ligne à destination des entreprises et des indépendants. Elle a été en 2016 le premier assureur à recevoir un agrément santé du régulateur depuis 30 ans.

Alan propose une assurance santé complémentaire 100% en ligne pour les entreprises et les indépendants ainsi qu'un produit de prévoyance en partenariat avec CNP.

La start-up permet une souscription en 5 minutes, une gestion des documents entièrement dématérialisée, l'accès à un journal des dépenses et des remboursements en ligne ainsi qu'un service client via un chat sur l'ensemble des services.

Alan a mis en place et formalisé une culture et des principes de fonctionnement partagés par toute la jeune entreprise. Ils s'articulent autour de 5 axes.

Un principe de fixation des objectifs : des objectifs de production sont fixés chaque semaine et sont communiqués à l'ensemble de l'équipe et des actionnaires. Un point hebdomadaire est systématiquement réalisé sur le customer service.

Un principe d'optimisation organisationnelle en continu : 10 à 15 % du temps de l'équipe est affecté à la réflexion sur la manière de travailler et d'améliorer le fonctionnement de l'entreprise. Un point est effectué tous les 15 jours pour faire émerger idées et nouvelles solutions.

Un principe de transparence absolue : l'ensemble des propositions d'amélioration de l'expérience client est soumise à toute l'équipe et chaque semaine une présentation des réussites et des échecs, des objectifs atteints et non atteints est effectuée. Les orientations stratégiques et la feuille de route sont connues de tous.

Un principe de suppression des réunions physiques : Alan fonctionne selon le principe de « l'issue », à savoir l'utilisation de réunions asynchrones et par écrit permettant d'organiser la pensée, de laisser le temps de la réflexion et de mobiliser uniquement les bonnes personnes au moment de leur choix.

Un principe de mise en avant des valeurs d'entreprise : ces valeurs se caractérisent par la liberté et la responsabilité données à l'équipe. L'information est transmise et communiquée à tous. L'ADN d'Alan est basé sur la transparence, la simplicité, le feedback et l'efficacité.

Les tentatives de transformation du modèle de management chez nos acteurs traditionnels

De nombreux acteurs se sont engagés dans de vastes programmes de transformation de leur organisation à l'instar d'Axa pour ne citer que cette entreprise qui n'a pas mis moins de 800 millions d'euros d'investissement dans son plan de transformation digitale.

Si cette prise à bras le corps de la digitalisation des activités et de l'introduction au sein de l'organisation des principales nouveautés issues de la nouvelle économie porte ses fruits, les entreprises traditionnelles, même les plus volontaristes, semblent plus en difficulté à faire évoluer leur culture et leur mode de management.

Pendant longtemps, les méthodes de management employées dans nos entreprises du XXème siècle ont été basées sur un principe de hiérarchisation très fort renforcé par un esprit de division des tâches inspiré de l'approche tayloriste et scientifique du travail.[57]

---

[57] Stroobants Marcelle, *Sociologie du travail*, Nathan, 1993

Ce modèle d'inspiration militaire s'est révélé, assez logiquement, peu propice au développement de l'autonomie, à la prise d'initiative et à la délégation du pouvoir.

Nous pourrions presque dire qu'il a été conçu pour ça, à savoir faire appliquer des décisions à chaque échelon dans un but d'optimisation des capacités de production mais sans vision globale.

Pour autant réussir sa transformation digitale et embarquer dans son organisation un peu de ce nouveau monde nécessitent d'être en capacité de refondre sa culture et de faire évoluer ses pratiques managériales.

Et à en croire la plupart des spécialistes de la question, les principales difficultés ne résident pas uniquement dans l'introduction de nouvelles technologies innovantes au sein de son architecture informatique, ni dans l'utilisation des interfaces qu'elles soient de l'ordre du site Web ou des applications, ni encore dans la capacité à se créer un écosystème riche de relations avec des start-ups ou des accélérateurs, mais surtout dans la capacité à réformer son modèle de management.

La première étape réside sans doute dans le « delayering », à savoir la diminution du nombre de strates hiérarchiques avec un maximum de 7 à 8 strates du chef de projet au dirigeant, chaque manager intermédiaire prenant en charge un minimum de 10 collaborateurs.

La deuxième étape peut consister à réorganiser ses équipes Front to Back autour des offres proposées par la marque, afin de se mettre d'une certaine manière au plus près du client et de ses attentes.

Enfin autre modalité, s'appuyer, comme cela se passe de plus en plus, sur une communauté transverse de digital champions à l'aise avec des organisations plus horizontales et avec l'agilité organisationnelle portée par des approches telles que le Scrum.

Cette communauté pourrait porter une mission d'évangélisation et de familiarisation de l'ensemble des collaborateurs aux méthodes et aux technologies du digital tout en étant membre actif des ateliers dédiés à l'innovation et à l'excellence client.

La règle des 20 % mise en place chez Google est souvent citée comme une bonne pratique d'accélération de la capacité à aller chercher toujours plus de créativité chez ses collaborateurs.

Son principe est simple mais impliquant.

Elle permet à tous les ingénieurs et développeurs du géant de l'Internet de dédier 20% de leur temps de travail à des recherches personnelles sur des thèmes qui ne sont pas imposés.

L'objectif est de leur permettre de développer leur force d'innovation personnelle qui rejaillira sur l'entreprise toute entière.

Cette démarche s'accompagne d'une grande transparence en permettant à chacun de connaître tous les projets en cours.

En synthèse, derrière les innovations technologiques souvent spectaculaires, les managers ont un rôle primordial dans la réussite de la transformation digitale de leur entreprise.

Ce rôle se traduit de plusieurs manières.

Il s'agit de contribuer à diffuser la culture de l'innovation et du digital, à penser de nouvelles pratiques, à expérimenter de nouvelles approches et à promouvoir de nouvelles méthodes de fonctionnement et d'organisation du travail.

Lourde charge pour le manager qui se doit de produire des premiers résultats dès aujourd'hui.

12. New ways of working

L’impact du digital sur la manière de fournir le service

Tout au long de cet ouvrage, nous avons vu que la transformation digitale ne peut se limiter à la mise en chantier d’initiatives visant à intégrer progressivement les nouvelles technologies au sein de l’organisation.

Bien au contraire le digital modifie en profondeur la manière même d’envisager l’activité.

Les potentiels offerts par les nouveaux outils numériques dès aujourd’hui et ceux qui seront permis par l’Intelligence Artificielle et la robotique demain, modifieront profondément et durablement le fonctionnement des métiers des entreprises.

Ces mutations se retrouveront non seulement au niveau de l’organisation mais également au niveau des compétences recherchées et de la composition des équipes nécessaires.

Ainsi les entreprises de l’ancienne économie vont devoir s’inspirer des acteurs du digital afin d’anticiper, d’adapter et de transformer à terme l’organisation de leurs activités, le recrutement et la gestion de leurs talents ainsi que plus globalement leurs modalités de fonctionnement.

Et ce travail se doit d’être réalisé dès maintenant face à la nature et à l’ampleur des changements.

Le digital working accélère l’adoption de nouveaux modes d’organisation du travail.

Comme nous avons déjà pu le voir, le mode collaboratif, la gestion de projet, le développement de la créativité et de l'autonomie des collaborateurs sont favorisés afin d'optimiser l'efficacité des opérations.

Les pratiques concernant la gestion des compétences et les programmes de formation s'en trouvent logiquement bouleversées.

Multipliant les opportunités d'interaction, les salariés se retrouvent de plus en plus intégrés au sein d'écosystèmes qui enrichissent leurs activités quotidiennes et leur permettent de jouer un rôle plus actif.

La diffusion massive et l'accès facilité à la connaissance accélèrent l'acquisition de nouvelles compétences et permettent à travers un cercle vertueux le renforcement du rôle de chacun.

En parallèle, le temps réel transfigure le rythme d'accès aux produits et aux services.

En multipliant les canaux de distribution et en raccourcissant les délais de livraison, les entreprises se doivent, pour rester concurrentielles, d'optimiser en temps réel leurs opérations et la capacité d'échange d'informations avec leurs clients.

La reprise du pouvoir par le client transforme radicalement la relation avec la marque.

L'exigence du client est croissante et l'expérience proposée à ce dernier se doit d'être toujours plus facilitante, toujours plus fluide, toujours plus attractive. Il convient également de l'impliquer dans la conception des produits ou services afin que le client devienne un partenaire de la marque, et ce aux différentes étapes de la chaîne de valeur, de l'idéation au service après-vente.

Le traitement de masse des données démultiplie les capacités d'analyse et la connaissance client au profit d'un décisionnel survitaminé.

L'explosion du volume de données exploitables structurées ou non favorise le développement d'un prédictif sans cesse plus « prédictif » !

L'un des enjeux majeurs étant alors, au-delà des solutions technologiques, de disposer des compétences requises pour transformer ces nouvelles réalités en sources maximisées de business.

L'IT et les Ressources Humaines au cœur de la transformation

L'IT (l'informatique) est partout au sein des entreprises.

Il est au cœur du produit, des services associés et des dispositifs de distribution.

Les mutations générées par le digital ont eu pour effet d'obliger les services informatiques à renforcer leur proximité avec les métiers, à adopter le développement de solutions en cycles courts, à acquérir de l'agilité par le sourcing des capacités à faire et des infrastructures.

Afin de mieux intégrer l'innovation, la veille technologique avec les métiers et la généralisation du Test and Learn sont devenues des classiques.

Adopter de nouvelles méthodes de travail afin de sortir des cycles longs, intégrer la vision client et sourcer si nécessaire rapidement en externe sont des pratiques qui ont connu un développement important au sein d'entreprises en quête d'agilité et de modularité.

De nouvelles expertises clés se sont ainsi naturellement imposées.

La concentration des compétences digitales dans une équipe pilotée par un Chief Digital Officer (CDO) a été l'un des choix le plus souvent effectué par les grandes entreprises.

Celui-ci ayant pour fonction d'impulser la transformation, de diffuser la culture et les compétences, de piloter les projets digitaux et d'arbitrer en cas de besoin.

Il est à noter que ce CDO se doit de travailler en étroite collaboration avec le DSI (Directeur des Systèmes d'Information) quand ceux-ci ne sont pas une seule et même personne.

A côté de lui, le Chief Data Officer occupe un nouveau rôle en charge de la gouvernance et de l'évolution du patrimoine informationnel.

Il pilote également parfois un Data Lab qui regroupe et structure les données, organise les moyens technologiques et mutualise les expertises en analytics.

Dans certains cas, le Chief Data Officer est à la tête d'une équipe de Data Scientists travaillant en proximité avec les métiers afin d'identifier les opportunités, d'expérimenter et d'obtenir des premières amorces de résultats (Proof of Concept).

La maîtrise de la vision IT et des processus de bout en bout a affirmé son caractère stratégique.

Autre fonction au cœur des bouleversements amenés par le digital, la Direction des Ressources Humaines se retrouve face à une tâche qui souvent la dépasse, celle de contribuer activement au développement de l'agilité organisationnelle et de l'innovation sociale.

Plusieurs axes peuvent être déployés afin d'y arriver.

Le déploiement du collaboratif et de la culture de l'expérimentation : près des 2/3 des entreprises françaises affirment avoir développé des espaces collaboratifs pour faciliter le fonctionnement en mode projet.

De plus en plus ces nouveaux modes d'organisation du travail se généralisent avec des fonctionnements en réseaux, des usages collaboratifs favorisant le développement de l'intelligence collective. Ces nouveaux modes sont directement issus du monde digital.

La refonte des modes d'apprentissage et la création de communauté de talents sont à l'ordre du jour.

Les compétences nécessaires à la croissance des entreprises évoluent rapidement et vont continuer à muter.

Des profils pointus nécessitant une bonne compréhension des enjeux technologiques, business, clients, juridiques sont de plus en plus nécessaires et font l'objet d'un combat féroce de recrutement entre les entreprises et avec les start-ups.

Car comme dirait Steeve Jobs : « *Pourquoi faire partie de la Navy quand on peut devenir un pirate* ? »[58]

En parallèle, les nouvelles technologies permettent de proposer de nouvelles façons d'apprendre à travers des programmes interactifs d'apprentissage, l'utilisation de plateformes de knowledge ou encore la gestion de communautés d'apprentissage sur les réseaux sociaux d'entreprise.

Enfin la communication interne s'oriente vers des formats plus dynamiques par l'utilisation intensifiée de la vidéo ou encore des serious games.

De nouvelles règles en termes de pratiques, de lieu et de temps de travail restent à définir pour accompagner au mieux ces évolutions tout en maintenant une dynamique collective et une culture d'entreprise.

Vers une nouvelle gestion du front

Mais l'Informatique et les Ressources Humaines ne sont pas les seules fonctions profondément impactées par le développement du numérique, les fonctions front (en contact avec les clients) connaissent également des évolutions hors-normes.

Attardons-nous un instant sur quelques-unes.

---

[58] Rudelle Jean-Baptiste, *Op Cit*, 2015, p 23

La meilleure connaissance client permise par une exploitation maximisée des données ouvre la voie à une vision 360° utilisable tant dans les parcours Web, les zonages magasin, la gestion de campagnes, le référencement ou encore bien évidemment dans la capacité de personnalisation d'offres gérées dorénavant en mode cross-canal.

Ces offres customisées, adaptées, individualisées, placent le client au centre d'un processus où les cycles de développement des produits en amont se voient accélérés et où le pilotage de la distribution en aval peut s'effectuer en quasi temps réel.

Pour autant ce nouveau tropisme vers une orientation véritablement client force les entreprises à renforcer leurs capacités de monitoring de la santé de leur marque sur ces nouveaux territoires sauvages que sont les espaces digitaux.

Car tout le monde peut désormais communiquer sur la marque, qu'il y soit invité ou non et déclencher à peu de moyens de véritables crises digitales.

Ainsi de nouvelles expertises apparaissent et deviennent incontournables afin de garder un minimum de prise sur son destin.

Et ces nouvelles expertises s'appellent le brand storytelling, la gestion de l'e-réputation, le brand content, le social media monitoring, …

Le brand storytelling désigne la manière dont les marques peuvent utiliser le récit pour partager leurs valeurs et se différencier.

La gestion de l'e-réputation consiste à suivre et à surveiller la réputation numérique d'une marque sur Internet.

Le brand content concerne les contenus généralement éditoriaux, conçus et diffusés par une marque (vidéos, articles, reportages, …).

Le social media monitoring, quant à lui, peut se définir comme une activité de veille et de surveillance de ce qui est raconté sur une marque à travers les médias et réseaux sociaux.

Plus que jamais le renforcement de l'activité et de l'expertise sur la communication digitale s'avère incontournable afin de créer, d'animer et de gérer la présence de la marque sur les canaux digitaux.

Le conseiller bancaire à l'heure du digital

Le digital a modifié en profondeur les attentes et les comportements des consommateurs en matière de pratiques bancaires.

Le métier du conseiller a dû évoluer en conséquence avec pour objectif de répondre aux nouveaux usages et aux nouvelles exigences : conseil à la demande, disponibilité 24/24, outils automatisés, ultra connexion, …

De plus en plus, le conseiller doit s'affirmer comme le partenaire central de la relation, garant et pivot du partenariat entre la banque et le client et orchestrateur des modes de contact en multicanal.

Il doit devenir un véritable coach financier détenteur d'une expertise reconnue et à valeur ajoutée et capable de mobiliser les bons savoir-faire de la banque en fonction des projets des clients.

Il est augmenté des apports de l'Intelligence Artificielle pour la préparation de l'entretien client et lors de la démarche de vente.

Il déploie une gestion plus active de son portefeuille clients en proposant du contenu adapté et en s'appuyant sur les réseaux sociaux pour multiplier les échanges.

Il fait évoluer son modèle relationnel et n'est plus uniquement dans son bureau et sur son poste de travail pour recevoir le client mais est en capacité de proposer des formats différents : modes d'entretiens plus conviviaux, en groupe, virtuel, avec un expert, …

13. La plateformisation de l’économie digitale

La plateforme comme point d'aboutissement

Les évolutions actuelles de l'économie digitale pourraient-elles se résumer à un point d'aboutissement absolu, *devenir une plateforme* ?

Nous avons déjà introduit la notion lors du chapitre IX dédié aux business models.

Devenir une plateforme dans la nouvelle économie, c'est avant tout arriver à se situer au cœur des interactions entre de multiples parties prenantes (fournisseurs, clients, collaborateurs et autres stakeholders).

Les vainqueurs de la bataille digitale de demain seront sans doute ceux qui arriveront à s'imposer sur leur(s) marché(s) comme agrégateurs de partenaires.

Le modèle de plateformisation va générer de nouvelles formes de partenariats avec à la fois un rapport de force plus asymétrique mais une proposition de valeur plus attractive.

> *« Par exemple Uber est en relation étroite avec près de dix millions de clients et environ 200 000 chauffeurs ; mais au-delà, cette société interagit également avec de nombreuses banques, des systèmes d'information routière, des réseaux sociaux, ... plus elle interagit, plus elle crée de la valeur. »*[59]

Comme nous l'avons vu, de nombreux secteurs sont d'ores et déjà impactés mais à moyen terme, ce sont de très nombreuses activités qui évolueront vers un business model plateformisé.

---

[59] Babinet Gilles, *Op Cit*, 2016, p 137

Ne pas être précurseur dans cette démarche, c'est prendre le risque pour toutes les entreprises restées dans un modèle classique d'être condamnées à devenir les sous-traitantes d'autres qui auront été plus rapides et plus ambitieuses.

Cette stratégie de plateformisation favorise l'accroissement du nombre de contacts avec les clients, ce qui permet dès lors la capture de données et les avantages que cela génère pour l'organisation qui sait les collecter.

Selon Gilles Babinet, le niveau de digitalisation d'une structure peut être évalué en comptabilisant les quantités de données transactionnées vers l'extérieur et vers l'intérieur de l'entreprise. C'est vous dire l'importance de favoriser la multiplicité des interactions.[60]

Car comme vous l'aurez compris, tout l'enjeu de la plateforme est de se positionner en intermédiaire tout en gardant le contact avec le client final bien après la transaction.

La plateforme comme cœur de valeur technologique

Le modèle de plateformisation qui nous intéresse ici est avant toute chose un cœur de valeur technologique[61] organisé en plateforme et fédérant un écosystème de nombreux partenaires externes, les plus nombreux possibles à vrai dire.

Cette plateforme peut prendre plusieurs formes comme nous le verrons un peu plus loin et se situer sur le Web, sur l'Internet mobile ou même prendre la forme d'un système

[60] Ibid, p 195
[61] Ibid, p 132

d'exploitation ouvert sur l'extérieur et assurant la distribution de services et d'applications gratuites et payantes.

L'IPhone par exemple est bien plus qu'un téléphone, il constitue une interface technologique, une plateforme devenue incontournable au fil des années.

Parler de plateforme, c'est automatiquement parler d'API (Application Programming Interface) qui pourrait se décrire comme un ensemble normalisé de classes, de méthodes ou de fonctions, qui sert de façade par laquelle un logiciel offre des services à d'autres logiciels.

En gros, une sorte de porte d'accès à une fonctionnalité en cachant les détails de la mise en œuvre et permettant aux codeurs de développer des services à partir des données de la plateforme.

Les API favorisent à la fois les relations commerciales en ouvrant la plateforme à des partenaires mais également elles permettent de normer les relations commerciales.

Les API sont toujours centrales dans les stratégies de développement des acteurs du digital.

Elles leur permettent de multiplier le nombre et le type de stakeholders (fournisseurs, clients, utilisateurs externes, internes, …) et de contribuer de ce fait à augmenter la valeur accordée à la donnée échangée, collectée ou transactionnée.

Si l'on s'attarde un instant sur le cas des banques, voilà comment Yves Eonnet et Hervé Manceron formulent les enjeux liés à l'APIsation de leurs activités :

« Bref la banque et ce que l'on appelle les API, cela fait deux. Et c'est fort dommageable, car les API peuvent se révéler de formidables outils à générer de nouveaux business models pour la banque. En s'ouvrant et s'interfaçant, les banques s'offrent la possibilité de créer des services à valeur ajoutée dédiés à chaque métier. »[62]

La plateforme en pratique

Les plateformes peuvent être de plusieurs natures : sociales, interactionnelles ou transactionnelles.

Attardons-nous un instant sur les plateformes de type transactionnel.

Le market place constitue la plateforme transactionnelle la plus aboutie.

Il domine largement le marché du e-commerce avec plus de 50 % des ventes réalisées en ligne et une croissance de 4 à 6 fois supérieure aux sites d'e-commerce classiques.[63]

Il peut intermédier des produits (comme Amazon ou E-bay) ou des services (comme Airbnb ou Uber).

Plusieurs éléments sont consubstantiels du market place et facteurs clés de succès de son développement.

---

[62] Eonnet Yves, Manceron Hervé, *Fintech, Les banques contre-attaquent*, Dunod, 2018, p 104-105
[63] Alessandri Eric, *Les règles d'or pour créer sa marketplace*, Market Academy, 2018

Le market place doit fournir une offre large et doit constamment s'attacher à l'élargir.

A titre d'exemples, Amazon référençait près de 300 millions de livres en 2018 et Uber se fixait la même année l'objectif de fournir à ses clients un chauffeur dans les 5 minutes.

Le market place offre un taux de conversion 4 fois supérieur à l'e-commerce classique, ce qui impacte fortement le coût d'acquisition.

Le market place axe, au moins dans les premières années, l'essentiel de son budget, à l'offre, c'est-à-dire aux vendeurs que le market place référence. Il s'agit de rendre son offre attractive et suffisamment dense avant même de communiquer auprès des visiteurs.

Les premiers clients des market place sont les vendeurs, ce sont eux qui versent des commissions.

Le market place peut déployer plusieurs modèles de rémunération.

Le plus courant reste le commissionnement variable en fonction de la nature des produits, de 10 à 15 % pour des produits de grande consommation à 25/30 % pour des services.

Au système de commissionnement, le market place peut substituer un modèle de paiement au lead[64] comme les comparateurs le pratiquent ou proposer des formules premium aux clients finaux à la manière de Spotify (déjà

---

64 Un lead désigne un contact commercial enregistré auprès d'un client ou d'un prospect marquant un intérêt pour un produit ou un service.

évoqué). La publicité sponsorisée constitue un autre modèle de revenus, plus rarement utilisé chez les market places.

Le point fort du commissionnement comme système de rémunération reste sa simplicité et le fait d'embarquer la transaction dans un parcours client complet.

Ceci permet la collecte de données clients de l'entrée à la sortie du « funnel » d'achat.

Ces données permettent au market place de pousser des offres très personnalisées, à travers des robots et des moteurs de recommandation, et bénéficiant d'un fort taux de conversion.

20 à 25 % des ventes sur Amazon viendraient des recommandations.

Le cross-selling s'en trouve survitaminé !

Enfin le market place produit une animation des vendeurs/fournisseurs en continu et déploie des approches time to market, issues le plus souvent de la célèbre méthode lean start-up, afin d'être en capacité de lancer de nouveaux services le plus vite possible.

L'économie traditionnelle et la plateformisation des activités

Le modèle plateforme présente de nombreux avantages et une forte attractivité.

Même s'il paraît relativement simple à mettre en place, il n'est pas pour autant facilement accessible aux entreprises de l'ancienne économie possédant un legacy (un héritage informatique) souvent lourd et compliqué à faire évoluer notamment dans le secteur des services financiers, acteurs bancaires ou assurantiels.

> *« Ce ne sont ni les idées, ni la vision, ni même la connaissance des clients qui freinent la banque. C'est une architecture technologique certes solide mais sclérosée par des décennies d'ajouts de « couches » technologiques. Un cadre qui oblige à déployer une énergie et des ressources faramineuses à chaque développement de nouvelle fonctionnalité. »*[65]

Ceci explique que ces entreprises ne peuvent pas faire migrer l'ensemble de leurs systèmes d'information et de données au sein d'un modèle plateforme sans faire face à une grande complexité, voire une forme d'impossibilité.[66]

Pourtant l'enjeu est bien de laisser de côté les systèmes d'information fermés pour s'orienter vers des architectures ouvertes permettant d'intégrer des briques de service facilement.

Pour autant, pour de nombreuses entreprises, les systèmes informatiques en place sont incompatibles avec la plateformisation de leurs activités.

L'une des solutions généralement préconisées par les spécialistes consiste, à court terme, à créer des infrastructures digitales souples en « sur-couches » du core system afin d'optimiser certaines fonctionnalités IT.

---

[65] Eonnet Yves, Manceron Hervé, *Op Cit*, 2018, p 23
[66] Babinet Gilles, *Op Cit*, 2016

Les parcours de souscription en constituent un bon exemple.

Puis sur le long terme, mettre en place de grands programmes industriels destinés à faire migrer progressivement données et applications dans un modèle cloud.[67]

Exit toutes velléités ou croyances en un « reboot » salvateur !

[67] Le cloud computing consiste à utiliser des serveurs informatiques distants par l'intermédiaire d'un réseau, généralement Internet, pour stocker des données ou les exploiter. (Wikipédia)

14. Nouvelle et ancienne économies : quelles relations ?

Quelles relations possibles ?

Pour répondre à cette question, il convient, à notre sens, d'imaginer que les entreprises traditionnelles font face à deux réalités qui caractérisent la nouvelle économie.

La première est brutale, elle se définit par la rupture. Elle se conçoit comme une lame de fond qui a pour finalité le remplacement des anciens acteurs et qui peut surgir de toute part.

Face à cette première réalité, l'ancienne économie doit faire face à des structures qui naissent et se développent dans le monde entier et à grande échelle tant les coûts de création d'une start-up ont fondu.

Des structures qui ont très peu de bureaux, qui s'internationalisent rapidement et surtout qui sont en capacité de « scaler » leur business dans des proportions incroyables en déployant des techniques de développement universellement transposables.

Pour ces acteurs-là, les alliances avec les grandes entreprises n'ont pas de sens. En recherchant l'hyper-croissance, ils se placent de fait en concurrence frontale avec l'ancienne économie.

Une seule solution pour les grandes entreprises, essayer de les racheter avant qu'ils ne deviennent inaccessibles.

Pour autant l'ancienne économie ne pourra faire l'acquisition de l'ensemble des pépites que fera émerger l'économie digitale. Et même si la très grande majorité des acteurs innovants du digital ne deviendront pas des *home run*, l'ancienne économie doit se préparer à être malmenée à tout moment.

Et face à cet état de fait, la seconde réalité se dévoile, laissant plein d'espoir, celle de la spin off strategy.[68]

La spin off strategy consiste à absorber sa propre concurrence à travers l'acquisition de start-ups capables de fournir un service plus agile, plus ergonomique et en mobilité et de leur permettre de se développer avec une grande indépendance.

Cette stratégie ouvre un triple bénéfice.

Premier bénéfice, elle permet de fournir des services que la grande entreprise n'est pas en capacité de proposer et donc un relais de croissance ainsi qu'une façon de regagner une clientèle qui aurait déserté le modèle traditionnel.

Deuxième bénéfice, ces spin off[69] vont constituer de fantastiques laboratoires d'innovations pouvant être testées auprès de clients réels avant d'être déployées éventuellement dans le modèle traditionnel.

Cette force d'innovation va s'exercer également dans cette possibilité offerte par les entreprises de l'ancienne économie adoptant cette spin off strategy d'explorer les business models de demain et les multiples voies d'enrichissement de l'offre.

---

[68] Eonnet Yves, Maceron Hervé, *Op Cit*, 2018, p 138

[69] Concept quelque peu détourné, ces acquisitions deviennent des spin off au sens de sociétés dérivées de celles qui les possèdent et déployant des stratégies propres, indépendamment de leur entreprise mère.

Enfin dernier bénéfice, les entreprises traditionnelles pourront s'appuyer sur les start-ups acquises pour les aider à passer les grandes étapes de leur transformation.

Pour cela, il va falloir sans doute aller plus loin que la première génération d'actions destinée à acculturer l'ancienne économie au digital. Non qu'elle n'ait pas porté ses fruits, mais sans doute n'a-t-elle pas été assez loin dans la dynamique de changements nécessaires.

Rappelons-nous quelques-unes de ces initiatives largement déployées par de nombreuses grandes entreprises :

- la création d'une fonction de CDO (Chief Digital Officer),
- le développement des relations avec les start-ups,
- la création de digital days,
- la multiplication des voyages d'études dans la Silicon Valley,
- le déploiement de stratégie de social media et de brand content,
- le développement d'applications mobiles,
- la création d'un Lab plus souvent axé sur l'exposition de l'innovation que sur la R&D,
- …

Mais comment aller plus loin ?

Deux axes pourraient apparaitre essentiels, peut-être insuffisants mais incontournables, pour favoriser la mutation de l'ancienne économie et lui permettre d'aborder l'avenir avec un peu plus de sérénité.

Sans surprise le premier axe concerne l'accélération de la transformation culturelle avec l'introduction au sein des grandes organisations des fondamentaux qui ont structuré la réussite des leaders digitaux.

A savoir, l'introduction de la pensée design qui permet d'accroître sa capacité d'innovation, de penser de nouveaux modèles économiques et de mieux exploiter de nouveaux gisements de croissance.

L'expérience client comme point central qui offre une dynamique d'amélioration de l'engagement client en continu, par l'écoute et une compréhension plus fine des « users ».

Ainsi que, second grand axe, la simplification hiérarchique, l'évolution des pratiques managériales, la promotion du mode collaboratif et de l'intelligence collective, l'introduction de la culture du projet et du prototypage, l'avènement du digital working qui définissent les facteurs clés de succès du management stratégique des entreprises du XXIème siècle.

La spin off strategy dans le secteur bancaire

La très grande majorité des banques françaises ont adopté cette spin off strategy.

BPCE a acheté Fidor, BNPP Compte-Nickel ou encore le Crédit Mutuel Arkéa Pumpkin.

> *« Au-delà de cette stratégie de la voiture-balai (ou des vases communicants, c'est plus valorisant ...), cette approche présente de multiples avantages. A commencer*

par celui d'innover, parfois de façon radicale, sans effrayer les clients attachés à une offre plus classique.»[70]

Car quand bien même nous serions à l'aube d'une disruption du modèle bancaire tel qu'il s'est façonné, il conviendrait quand même du côté de nos institutions financières de continuer à presser le métier traditionnel jusqu'à en extraire les derniers revenus.

Mais nous n'en sommes pas là !

Car même si l'érosion de la clientèle des banques établies est réelle, 90 % des clients (et probablement une proportion bien plus importante des revenus) sont encore dans le giron de la banque d'antan. Et il n'y a pas de raison de tirer un trait dessus de façon anticipée ... ».[71]

Nous en sommes plutôt, du côté des acteurs les plus vifs, à la structuration d'un modèle dédoublé.[72]

D'un côté une banque digitale relativement autonome, mobile et innovante qui va être en capacité de proposer aux utilisateurs l'ensemble des services classiques et « basiques » de la banque tels que la gestion du ou des comptes, l'ouverture de produits financiers simples, la souscription d'assurances courantes, les opérations de paiement, ...

De l'autre côté, une banque conseil capable de répondre aux demandes et attentes complexes des clients. Une banque

---

[70] Ibid, p 139
[71] Ibid
[72] Ibid, p 146

présente pour les projets de vie et à même de fournir lorsque le client en a besoin, une véritable valeur ajoutée.

Et entre les deux, un conseiller de clientèle qui pilote l'ensemble, comme nous l'avons déjà évoqué dans le chapitre XII.

Compétences technologiques vs compétences sectorielles

Cette stratégie du spin off digital, sur un plan plus macro-économique, permet d'infléchir la tendance actuelle du marché digital tendant à concentrer un grand nombre de transactions vers un petit nombre de plateformes localisées en Californie ou en Chine.[73]

Elle permet également de poser une question qui fait débat actuellement sur les compétences nécessaires pour transformer les secteurs d'activités.

La première approche considère que les compétences nécessaires pour bâtir les industries de demain sont d'ordre technologique.

> *« Sa thèse s'aligne avec d'autres penseurs qui croient que la compétence de la Silicon Valley en matière de logiciels et d'analytique va engloutir des industries entières et provoquer une centralisation massive. »*[74]

Ainsi selon cette approche, les entreprises de la Silicon Valley seraient en capacité à terme de gérer la plus grande partie des industries mondiales grâce à leur maîtrise des

---

[73] Ross Alec, *Op Cit*, 2018, p 133
[74] Ibid, p 257

infrastructures digitales et des technologiques de data management.

La suprématie économique serait donc acquise à ceux qui possèdent « *le plus de données, les serveurs les plus rapides et la plus grande puissance de traitement* ».[75]

Les capacités analytiques dirigeraient le monde et piloteraient la croissance.

A côté de cette approche, un grand nombre de voix proposent une vision plus nuancée.

Celle-ci constate que les barrières à l'entrée en matière d'expertise sectorielle sont différentes entre les domaines d'activité. Ce qui est valable pour le transport urbain ou pour le tourisme est sans doute plus difficilement transposable dans l'assurance des entreprises ou la génomique.

Si des compétences technologiques suffisamment déployables et évolutives peuvent permettre de se passer de compétences sectorielles dans certains secteurs d'activité, les compétences sectorielles resteront dans de nombreux domaines de formidables leviers d'innovation.

Dans tous les cas il le faudra bien pour les entreprises de l'ancienne économie car si elles attendent trop longtemps avant de faire évoluer leur activité dans le sens souhaité par les consommateurs, de jeunes « geeks » en Californie ou ailleurs le feront à leur place.

---

[75] Ibid, p 258

Car comme le disait Winston Churchill : « *Mieux vaut prendre le changement par la main avant qu'il ne vous prenne par la gorge* ».

Epilogue

L'histoire est en marche, celle d'une domination future de cette nouvelle économie hyperconnectée.

Plusieurs facteurs concourent inéluctablement à cette évolution.

L'innovation va continuer à s'accélérer et façonnera demain de nouvelles industries complétement rénovées. La robotique, l'analyse massive des données, l'Intelligence Artificielle, la multiplication de services mobiles, la télésanté, la digitalisation de la distribution, la dématérialisation des flux financiers vont modifier en profondeur nos sociétés.

Les usages vont finir de muter, de se radicaliser. Les consommateurs seront encore un peu plus à la recherche de fluidité d'exécution, de liberté d'action, de simplicité et d'excellence dans leurs démarches de recherche, de transaction et de relation avec les marques.

Les jeunes générations qui ont grandi dans l'univers numérique constitueront un formidable vivier de futurs entrepreneurs créateurs de nouvelles entreprises digitales, futurs leaders de leur(s) filière(s).

Les fonds d'investissement se tourneront de plus en plus vers une économie à même de leur fournir des perspectives de rendements exponentiels.

Les écosystèmes de cette nouvelle économie dominante s'enrichiront de multiples offres de services destinées à favoriser une croissance accélérée.

Les géants de l'Internet continueront leur développement supersonique et deviendront plus puissants financièrement que les plus puissants des Etats développés.

Les entreprises traditionnelles ayant fait les bons choix et ayant pris les bons risques garderont une place au sein de cette nouvelle économie. Nous en sommes convaincus.

Mais bien évidemment, cette mutation économique aura une incidence forte sur l'emploi et une grande partie des métiers sera exposée à moyen terme à des risques de destruction.

Les gouvernements devront prendre à bras le corps ces sources de déséquilibres sociétaux et réfléchir à la manière de refonder un contrat social apaisé et durable.

Mais ça, c'est un autre sujet …

Table des matières

En guise d'introduction

1. La révolution digitale
   Stupeur et tremblements !
   Généalogie du prédateur
   Stratégie de défense

2. Puissance des géants du digital et stratégie(s) européenne(s)
   Quelques chiffres à vous donner le tournis
   Une capacité de domination sans précédent
   Quelle réaction possible pour l'Europe ?

3. Capital développement
   Etat des lieux de la chaîne de financement en France
   Le développement de la French Tech
   Les spécificités de l'investissement dans la tech

4. La multiplication des incubateurs et des accélérateurs
   Un contexte des plus favorables
   Les modalités d'accompagnement
   Quelques propositions de valeur d'accélérateurs relativement différents

5. La pensée Total Design
   Les fondements de la pensée Total Design
   Un parcours de designer
   La pensée design au service du développement

6. La démarche de Design Thinking
   Le design thinking, l'innovation et l'expérience utilisateur
   De l'exploration à l'expérimentation

7. Innovation first
   Penser la rupture
   « Scrumiser » son approche de l'innovation

Le monde des possibles
Le Lab, sanctuaire de la R&D, doit-il être systématiquement isolé ?

8. L'excellence client
L'expérience client comme levier majeur de différenciation et de développement
Le développement du service design
La voix du client
La refonte du parcours client

9. A la recherche de nouveaux business models
Les nouveaux business models de l'économie connectée
La suprématie des plateformes
Maximisation des effets de réseau et principes de diversification

10. Data management et culture des analytics
Rupture et maîtrise technologiques
La culture des analytics
Le bon produit à la bonne personne au bon moment

11. Transformation du modèle de management
L'innovation managériale selon les acteurs du digital
Les tentatives de transformation du modèle de management chez nos acteurs traditionnels

12. New ways of working
L'impact du digital sur la manière de fournir le service
L'IT et les Ressources Humaines au cœur de la transformation
Vers une nouvelle gestion du front

13. La plateformisation de l'économie digitale
La plateforme comme point d'aboutissement
La plateforme comme cœur de valeur technologique
La plateforme en pratique
L'économie traditionnelle et la plateformisation des activités

14. Nouvelle et ancienne économies : quelles relations ?
Quelles relations possibles ?
La spin off strategy dans le secteur bancaire
Compétences technologiques vs compétences sectorielles

Epilogue

Références documentaires

Bibliographie

- Babinet Gilles, *Transformation digitale : l'avènement des plateformes*, Le Passeur, 2016

- Biso Stéphane, Le Naour Marjorie, *Design thinking, Accélérer vos projets par l'innovation collaborative*, Dunod, 2017

- Body Laurence, Tallec Christophe, *L'expérience client*, Eyrolles, 2019

- Eonnet Yves, Manceron Hervé, *Fintech, les banques contre-attaquent*, Dunod, 2018

- Monnerie Sylvain, *Stratégie, Mettre la pensée stratégique au service du développement de l'entreprise*, Maxima, 2018

- Ries Eric, *The lean start-up*, Penguin, 2011

- Ross Alec, *Les industries du futur*, FYP éditions, collection -Reboot, 2018

- Rudelle Jean-Baptiste, *On m'avait dit que c'était impossible, Le manifeste du fondateur de Critéo*, Editions Stock, 2015

- Stroobants Marcelle, *Sociologie du travail*, Nathan, 1993

- Osterwalder Alexander, Pigneur Yves, *Business Model nouvelle génération*, Pearson, 2011

- Osterwalder Alexander, Pigneur Yves, Bernarda Greg, Smith Alan, *La méthode Value Proposition Design*, Pearson, 2015

- Vander Pijl Patrick, Lokitz Justin, Solomon Kay Lisa, *Design a better business: les nouvelles clés de la stratégie et de l'innovation*, Pearson, 2017

Rapports, conférences et tables rondes

- Ammar Oussama, *La rupture numérique*, Conférence Agence du Développement Economique Pyrénées Méditerranée, 2016, Parties 1 et 2

- Ammar Oussama, *Décryptage de la transformation digitale*, Conférence EM Lyon, 2016

- Ammar Oussama, *La nouvelle économie pour changer le monde*, Conférence, CECA Université Bordeaux, 2017

- Alessandri Eric, *Les règles d'or pour créer sa marketplace*, Market Academy, 2018

- Anaxago et Chamborédon Jean-David, *Comment passer de start-up à licorne ?*, Table rondes Anaxago Crowdfunding, 2018

- Chaltiel Adrien, *Point d'étape sur l'écosystème startups français en 2019*, medium.com

- Chaltiel Adrien, *Tour d'horizon des 30 fonds français les plus actifs en 2018*, medium.com

- Chiffres France Angels, www.franceangels.org

- Chamborédon Jean-David, *Financement, capital risque : état des lieux en France*, Conférence W2D, 2018

- Chamborédon Jean-David, *Ces nouveaux business models qui chamboulent l'économie*, West Web Valley, 2017

- Etude Roland Berger, *Les incubateurs et accélérateurs dans le monde*, 2019

- France Clusters, *Panorama sur les démarches d'accélération en France*, Juin 2018

- Gattet Philippe, *Incubateurs français : une abondance trop fragile*, Xerfi Canal, 2018

- Hervéou Florian, *Travailler avec un accélérateur de startups, mode d'emploi*, Digital Change, 2019

- Korda Philippe, *Pensée Design et innovation*, Korda, 2017

- *La révolution numérique avec Mounir Mahjoubi*, France Culture, 19 juin 2018

- Mirlicourtois Alexandre, *L'envol des géants du numérique ... pauvres en emplois*, TVLaTribune-Xerfi, Avril 2017

- Nantel Jacques, *Métamorphoses des business models par les nouvelles technologies*, Faculté des Sciences Economiques et de Gestion de Strasbourg, 2016

- Philipponnat Thierry, *GAFAM et autres géants du net : un capitalisme financier monopolistique*, Xerfi canal, 2018

- Rapport EY sur les startups en France en 2017

- Rhah Noura, Chamborédon Jean-David, Mignot Martin, Dillet Romain, *Comment convaincre des investisseurs ?*, Table ronde Web2Day, 2014

- Site de Bpifrance, www.bpifrance.fr

- 1984 Apple Macintosh Commercial

Revue « Marché et Organisations »
L'Harmattan

Cahiers d'économie et de gestion thématiques dont le but est de promouvoir la recherche originale sur les relations de plus en plus étroites qui se tissent entre le marché et les organisations. Les acteurs économiques de taille, de puissance et de pouvoir différents dont les intérêts peuvent être convergents, complémentaires ou, le plus souvent, antagoniques, ont tendance à organiser les marchés. La raison du marché, pourtant, est la référence stratégique pour l'entreprise ainsi que pour les institutions publiques de décision économique.

Numéros parus :

N°1 : Artisanat. La modernité réinventée, 2006
N°2 : La petite entreprise, elle a tout d'une grande. De l'accompagnement aux choix stratégiques, 2006
N°3 : Tourisme et Innovation. La force créative des loisirs, 2007
N°4 : Le travail. Formes récentes et nouvelles questions, 2007
N°5 : Les universités et l'innovation. L'enseignement et la recherche dans l'économie des connaissances, 2007
N°6 : Entrepreneuriat et accompagnement. Outils, actions et paradigmes nouveaux, 2008
N°7 : Développement durable des territoires. Economie sociale, environnement et innovations, 2008
N°8 : Développement durable et responsabilité sociale des acteurs, 2009
N°9 : Gouvernance : exercices de pouvoir, 2009
N°10 : Le travail collaboratif. Une innovation générique, 2009
N°11 : Economie sociale et solidaire. Nouvelles trajectoires d'innovations, 2010
N°12 : Relations à la marque et marques de la relation. Regards croisés sur le management relationnel de la marque, 2010
N°13 : Les contrats au service de la recherche ?, 2011
N°14 : Le potentiel économique de l'Afrique subsaharienne, 2011
N°15 : Management de la distribution, 2012
N°16 : Territoire Vert. Entreprises, Institutions, Innovations, 2012
N°17 : Eco-conception, conception et innovation. Les nouveaux défis de l'entreprise, 2013
N°18 : Intelligence économique : entreprises et territoires, 2013
N°19 : La finance globale. Un monde fini, 2013
N°20 : La crise du « développement », 2014
N°21 : La Chine innove. Politiques publiques et stratégies d'entreprise, 2014
N°22 : Go East! Nouvelles Economies de Marché, 2015
N°23 : L'économie du changement, 2015
N°24 : Le temps des artisans. Permanences et mutations, 2015
N°25 : Innovations de proximité et esprit d'entreprise, 2016
N°26 : L'avenir des économies du Maghreb : entre inertie structurelle et envie de rupture, 2016/3 (n° 27)
N°27 : Le sport aux frontières du marché du travail, 2016
N°28 : Dynamiques internationales des entreprises, 2017
N°29 : L'univers du risque, 2017
N°30 : Les petites entreprises dans l'histoire industrielle, 2017
N°31 : Economie sociale et *social business* ? Au défi d'entreprendre et se financer, 2018
N°32 : Éducation et fertilisation des économies africaines, 2018
N°33 : L'entrepreneuriat innovant dans les pays du Maghreb, 2018
N°34 : L'entrepreneuriat scientifique : institutions et innovation, 2019
N°35 : Le champ économique de la culture, 2019
N°36 : Economie sociale et solidaire ? Modèles d'innovation et modes de gouvernance

Collection « L'esprit économique »

fondée par Sophie Boutillier et Dimitri Uzunidis en 1996

Dernières parutions

► ***Série Economie et Innovation***
M.-J. POLLET-VILLARD, *L'innovation dans les services. Cadre d'une analyse dynamique fondée sur les réseaux*, 2017.
B. CHRISTOPHE, *La décroissance écologique transforme l'entreprise*, 2017.
G. ACHERMANN, *Territoires d'innovation en Russie, Ambitions et contraintes d'une politique de clusterisation*, 2018.
C. ABDOU LAHAD THIAW, *Innovation localisée pour le développement économique du Sénégal*, 2018.
N. ANIDO FREIRE, *Tradition et innovation : de l'opposition à la complémentarité*, 2018.
C. BERGHMANS (dir.), *Intelligence et compétences émotionnelles en entreprise : perspectives multiples*, 2018.
T. MICHAUD, *La réalité virtuelle : de la science-fiction à l'innovation*, 2018.
B. LAPERCHE, M. LIMA, E. SEULLIET, B. TROUSSE (dir.), *Les écosystèmes d'innovation. Regards croisés des acteurs clés*, 2019.
► ***Série Le Monde en Question***
C. BASTIDON, O. GBAGUIDI A. GHOUFRANE, A. SILEM (dir.), *Commerce, investissement et développement durable en Afrique*, 2017.
L. BOURQUIN, *Europe 3.0 : le grand réveil*, 2017.
A. ROSOWSKY, *De l'économie de pillage a la société désagrégée, un essai sur la révolution thatchérienne*, tomes 1 & 2, 2017.
M. AMAN, *Currency board* (caisse d'émission) à Djibouti. Quelles implications économiques ?, 2018.
► ***Série Krisis***
M. LAUDET, *Aux origines de l'économie politique : Antoine de Montchrestien et son « traicte de l'oeconomie politique »*, 2016.
J. HUERTA DE SOTO, *La théorie de l'efficience dynamique*, 2017.
Y. LEVANT, S. TREBUCQ, *Théorie comptable et sciences économiques du XVe au XXIe siècle, mélanges en l'honneur du professeur Jean-Guy Degos*, 2018.
M. WIELEZYNSKI, *Retour sur l'origine du profit : et si l'économie changeait de paradigme…*, 2018.
G. MINART, *Benjamin Constant, économiste*, 2019.
► ***Série Clichés***
S. BOUTILLIER, D. UZUNIDIS (dir.), *La Russie européenne. Du passé composé au futur antérieur*, 2008.
R. VOLPI, *La négociation. Pain, paix, liberté*, 2009.
► ***Série Cours Principaux***
P.-Y. CARASCO, Prix de transfert et stratégies d'optimisation fiscale de la firme multinationale, 2017.
O. ESNEU, *Fondements de droit. Manuel d'initiation*, 2018.
B. LANDAIS, *Les fluctuations économiques, une synthèse nouvelle*, 2017.
S. FREZAL, *Quand les statistiques minent la finance et la société. Risque, responsabilité et décision*, 2018.
O. ESNEU, *Le droit du transport routier de marchandises (TRM)*, 2018.
G. DUTHIL, *Economie publique et métamorphoses sociales*, 2019.
► ***Série L'économie formelle***
F. BISMANS, *La grande récession : un autre regard sur des temps troubles (2007-2013)*, 2016.
B. SCHWENGLER, *De l'inflation à la dette publique : analyse des discours politiques*, 2016.
S. PARK, *Les abus de puissance économique dans les relations commerciales déséquilibrées*, 2018.
C. JADEAU, *La Finance inclusive. Manuel du post-capitalisme financier*, 2019.
A. BELMADANI, *Monnaie et systèmes de paiement. Mutations, enjeux et risques*, 2019.
É. CHAUMETON, *Pour une économie au service de la personne. Pistes d'avenir pour l'économie, la monnaie et la fiscalité*, 2019.
K. B. KOUASSI, *Pauvreté des Nations. Une critique de l'économie politique*, 2019.

Structures éditoriales du groupe L'Harmattan

L'Harmattan Italie
Via degli Artisti, 15
10124 Torino
harmattan.italia@gmail.com

L'Harmattan Hongrie
Kossuth l. u. 14-16.
1053 Budapest
harmattan@harmattan.hu

L'Harmattan Sénégal
10 VDN en face Mermoz
BP 45034 Dakar-Fann
senharmattan@gmail.com

L'Harmattan Cameroun
TSINGA/FECAFOOT
BP 11486 Yaoundé
inkoukam@gmail.com

L'Harmattan Burkina Faso
Achille Somé – tengnule@hotmail.fr

L'Harmattan Guinée
Almamya, rue KA 028 OKB Agency
BP 3470 Conakry
harmattanguinee@yahoo.fr

L'Harmattan RDC
185, avenue Nyangwe
Commune de Lingwala – Kinshasa
matangilamusadila@yahoo.fr

L'Harmattan Congo
67, boulevard Denis-Sassou-N'Guesso
BP 2874 Brazzaville
harmattan.congo@yahoo.fr

L'Harmattan Mali
Sirakoro-Meguetana V31
Bamako
syllaka@yahoo.fr

L'Harmattan Togo
Djidjole – Lomé
Maison Amela
face EPP BATOME
ddamela@aol.com

L'Harmattan Côte d'Ivoire
Résidence Karl – Cité des Arts
Abidjan-Cocody
03 BP 1588 Abidjan
espace_harmattan.ci@hotmail.fr

L'Harmattan Algérie
22, rue Moulay-Mohamed
31000 Oran
info2@harmattan-algerie.com

L'Harmattan Maroc
5, rue Ferrane-Kouicha, Talaâ-Elkbira
Chrableyine, Fès-Médine
30000 Fès
harmattan.maroc@gmail.com

Nos librairies en France

Librairie internationale
16, rue des Écoles – 75005 Paris
librairie.internationale@harmattan.fr
01 40 46 79 11
www.librairieharmattan.com

Librairie l'Espace Harmattan
21 bis, rue des Écoles – 75005 Paris
librairie.espace@harmattan.fr
01 43 29 49 42

Lib. sciences humaines & histoire
21, rue des Écoles – 75005 Paris
librairie.sh@harmattan.fr
01 46 34 13 71
www.librairieharmattansh.com

Lib. Méditerranée & Moyen-Orient
7, rue des Carmes – 75005 Paris
librairie.mediterranee@harmattan.fr
01 43 29 71 15

Librairie Le Lucernaire
53, rue Notre-Dame-des-Champs – 75006 Paris
librairie@lucernaire.fr
01 42 22 67 13

www.ingramcontent.com/pod-product-compliance
Lightning Source LLC
LaVergne TN
LVHW010938061026
849535LV00007B/2456